女子会で教わる

人生を変える恋愛講座

大泉りか

イラスト 門井亜矢

大和書房

まえがき

男性に「モテたいですか？」と尋ねると、ほとんどの方から「モテたい」という言葉が返ってきます。モテているか、モテていないかにかかわらず、「もっとモテたい」――それは男性の本音ですよね。

モテるようになれば、あなたが思っている以上にたくさんメリットがあります。彼女ができることで生活に張りが出たり、自信がつくことで仕事が上手くいくようになったり、余裕ができて周りから好かれるようになったりと、恋愛面だけではなく、人生のすべてにおいてプラスに働きかけることになります。

では、どうしたらモテるようになるのでしょうか。

モテたいと思っているにもかかわらず、満足いくほどモテていないことを考えたときに、「顔が悪いから」「カッコ悪いから」「話が上手にできないから」……と、その理由がいくつも出てくるかもしれません。

ですが実際は、そんなことは問題ではありません。仮に顔が悪くても、カッコが悪くても、話が上手にできなくても、女性にモテることはできます。

もちろん、複数の女のコに囲まれて、モテてモテて笑いが止まらない——となるのは、いきなりは厳しいでしょう。絶対に無理とはいかないまでも、かなりの変革が必要かもしれません。もちろん、変革すればモテモテになる可能性だってあります。けれど、まずは、そのハードルを少しだけ下げてみませんか？

「あなたが好感を持った女のコとデートをして、好きになってもらう」

本書の目指すところはここです。たとえ最終目的が「たくさんの女のコにモテること」だとしても、まずは一人の女のコにモテること。それを繰り返すことで、たくさんのモテが手に入るようになるのです。

モテのターゲットを一人に絞《しぼ》るには、もう一つ理由があります。世の中には、いろんなタイプの女のコがいて、女のコによってされて嬉《うれ》しいことや嫌なことが違うからです。

本書では、六つのタイプにカテゴライズした6人の女性が登場し、主人公である一般男性の問いに対し、それぞれが自分の意見や考え、好みを言っていく構成で読み進めていけます。疑似女子会に招かれた気分で、女性たちの本音トークを聞きながら、モテる男性になるための秘訣《ひけつ》を知っていってください。

登場する6人の女性は架空の人物ですが、筆者が今まで取材した中で知り合った多数の女性たちからリサーチしたものを、わかりやすくタイプ別に分類しました。

もちろん、世の中に存在しているのは、この6種類の女性だけではありません。タイプに当てはまったとしても、また違う主義主張を持っている女性もいます。大部分ではAタイプだけど、ある部分についてはCタイプの意見と同じ、ということもあるでしょう。

しかし、そうであっても、女性たちが男性について、何を考え、何を望んでいるかを知ることは、あなたがモテるために役立つはずです。

「女のコって、こういうふうに考えるコもいれば、そういうふうに考えるコもいるんだ」というふうに、楽しみながら読んでいただけると幸いです。

女子会で教わる　人生を変える恋愛講座

CONTENTS

第2章 イケメンじゃなくてもいい【外見編】

第3章 女のコは盛り上げ上手！【コミュニケーション編】

第4章 特別な関係になるための、最初の一歩【デート編】

第5章　楽しく気持ちよく愛し合うために【セックス編】

ちょっと
ミーハーだけど
魅力満点な女のコ

『素敵ちゃん』

- 流行に敏感でオシャレなものへの興味が強い。コミュニケーション能力も抜群。
- 基本的にはカフェやバルなどステキなお店が好き。でもたまには、味のある定食屋なんかでも喜べる。
- 実は努力家。男性には見えない努力をしている。
- 彼氏には一途。エッチなのは仕方ないが誠実な男性が好き。

高収入で
お姉系の
キャリアウーマン

『キャリアさん』

- 自分のスタイルを確立している分、相手を束縛したりはしない。
- お酒が好き。だけど、酔うと少しタチが悪くなる。
- 意外と涙もろい。感動する映画などを見て泣いてしまうことも。
- 以前は年上が好きだったが、最近は年下もいいなと思い始めた。マナーの悪い男性、仕事に甘い男性は苦手。

アパレル系の
ビッチ的なトリックスター
『ギャルちゃん』

- 基本的には明るくポジティブで、交友関係は非常に広い。
- 居酒屋でも大丈夫だが、高級レストランとかに行くと調子が出ない。
- 過去に彼氏に浮気された経験があり、心から男性が信頼できないところがある。
- そろそろちゃんと恋愛したいのに、チャラい男性ばっかり近寄ってくるのが悩み。

堅実で男性を
裏切らない婚活女子
『婚活ちゃん』

- ちょっと地味だが、人と話すことは好き。性善説的な考えの持ち主。
- 友だちとたまに飲む場所はチェーンのパスタ屋など。
- よく実家に帰るし、会社にはお弁当を持っていく。
- 長くつき合った彼氏がいたが、別れてから3年ほど彼氏がいない。最近、職場に気になる人がいる。

アーティスティックな
クールビューティー
『文系ちゃん』

- 本を読まない男性は華麗にスルー。好きな本や映画、美術の話がしたい。
- 芸術性の皆無な騒がしい場所とは無縁。
- 行動的な一面もある。変わった場所を訪れたり旅行したりするのが好き。
- 自分を持っている個性的な男性が好き。ベタベタしたつき合いは苦手。心が通じ合っていればいいという考え。

少々アキバ趣味の
あるオタク系
『アキバちゃん』

- ネット、マンガ、ゲームが大好き。夜に強いためか、少し時間にルーズ。
- コミケにも参加する。好奇心が強く、どこにでも行く。
- 意外と性的なことにあまり抵抗がない。
- ちょっとオタクな男の子のほうが話しやすいけど、面食いなところも。その分、男性の趣味に対しては理解が広い。

第1章

出会わなければ始まらない【出会い編】

まず、恋愛を始めるには、相手が必要ですね。

けれど、正直なところ、毎日会う人は固定されてしまっているし、周囲に女性がまったくいない場合だってありますよね。また、いたとしても、自分とはちょっとノリや雰囲気が合わない……そういう場合は、〝外〟に出会いを求めることとなります。

しかし、男女問わず「恋人が欲しい」が口癖になっている人が、その次に口にしがちなセリフが「でも、出会いがない」です。

男性からは、

「職場に女性はいるけれど、口説いてダメだったときのことを考えると、あまり積極的になる気になれない」

「とくに趣味もないから、休日は家でだらだらと掃除や洗濯をして、夜は男友だちと飲みに行って終わり。こんな生活では出会いがないとわかっているんだけど……」

などという声をよく聞きます。

けれど、世の中のすべての恋人たちは、必ずどこかで出会って恋に落ちたということを考えると、誰にだって出会いはあるはず……。というわけで第1章では、出会いと、出会い別のモテポイントを探っていきましょう。

Q1.

恋人が欲しいのですが、出会いがありません。どこに行けば女性と出会えるでしょうか?

素敵

そもそも、家にいたら出会いなんてないですよね。なので、まず趣味を作ることをオススメします。たとえば、フットサルやランニングなどのスポーツ系のサークルに入ると、一緒に身体を動かしながら自然と仲良くなれるのでオススメです。

文系

わたしはむしろ、スポーツマンは爽やかすぎてちょっと苦手……あんまり触れ合う機会がないだけかもしれないけど。なので、文系のサークルもオススメですよ。たとえば、定期的に読書会を催しているサークルとか、あと映画鑑賞会。同じ本を読んだり映画を観たりした後なら、口下手な人でも会話が盛り上がると思います。

アキバ

でも、男の人の比率が高いサークルはダメではないでしょうか。というのも、そういうサークルにいる少数派の女子は、サークル内でモテて〈姫〉[*1]になってる場合があるんで、落としにくいのではないかと。しかも、そういう子ほど、男性に気を持たせる能力が高かったりします。自分のことを好きに違いないって勘違いして、ボロボロに戦死してきた男性を数多《あまた》目撃してまいりました……。

＊1　大学のサークルや同好会、職場などの狭いコミュニティーの中で、色恋沙汰などにより、サークル内の人間関係を壊してしまう存在のこと。無意識の場合と意識的な場合とがあります。

ギャル

ってか、でもさ、あんまり速攻で口説かれると、正直「チャラいなー」って思う。サークル内で何人落とせるかとか、誰が最初に落とせるかとか、賭《か》けてるんじゃないの？　って怪しんじゃう（笑）。

まあ、そういうのって絶対に伝わるから、こっちも相手にしないけどね。でも、普通に好意を持ってくれてデートに誘ってくれるのは嬉しい。ただ、いきなり飲みとかじゃなくって、そのサークルに関係のあるイベントだと自然だと思う。

キャリア

サークルじゃないけど、お稽古事もありかも。サークルのほうがワイワイ感が強い分だけ、ちょっと子どもっぽいイメージもあるでしょ。それに比べて書道とか、英会話とか、そういう習い事もいいわよね。スキルアップにもなるし。

あと、女は30を過ぎると途端に『和』に興味を持つことが多いから、結婚を意識している人は、そこを狙うのもいいと思うの。座禅とか、写経とかね（笑）。

婚活

そうなんですよ！　わたしたち婚活女子の中でも、サークルは出会いの場として注目されてるんですが、若くてかわいらしい子ばっかりチヤホヤされるのがつらくって……仕方がないことだと思ってるんですが、あんまり極端に差別する男性は、絶対にモテません！


もしも学生時代に何か運動をやっていたのならば、スポーツ系サークルがオススメ。今はインターネットで、多くのサークルの募集を見つけられます。活動曜日や条件（経験の有無や年齢など）を確認し、まずは雰囲気をみるつもりで応募をしましょう。

サークルを決める際に、一番大切なのは年齢層が合うこと。年齢層があまり低い中に一人で入ると、なんとなく浮いてしまって気まずい思いをしかねません。また、雰囲気も重要です。自分が上手く馴染《なじ》めるようなサークルを見つけましょう。

サークルはハードルが高いということでしたら、格闘ジムなども、じつはダイエットやシェイプアップ目的の女性が多く所属しているのでオススメです。

文系のサークルという手もあります。写真やミニコミ作りなどの創作系サークルや、トレッキングなどの自然系、映画や美術鑑賞などのアート系など、自分の趣味に合ったサークルでは、自分と価値観が近い女性に出会えるチャンスが転がっています。**趣味の話ならば会話が盛り上がりやすいのも、口下手男性にすると嬉しいところ。**

ただし、いくら自分の得意ジャンルだからといって、あまり上から目線で語ったり、一方的に話しまくって、相手に口を挟む隙《すき》を与えない男性にならないように気をつけましょう。

スポーツ系にしろ文系にしろ、何か「サークル」に参加するのは前向きな選択肢の一つ。頻繁《ひんぱん》に会う機会があることや、共に一定の時間を過ごすことで、互いの行動や考え方を伝え合うことができるため、自然に仲良くなりやすいというメリットがあります。

Q2.

合コンや飲み会で女性と知り合うって話もよく聞きますが、本当のところどうなのかな。正直、時間の無駄にしか思えないんですが……。

キャリア

ああ、そういえば同じ会社の若い人たちから、「どう考えても、一目惚《ぼ》れしてくれるような女性に会えるわけもないし」とか、「飲み会はたまにあるけど、別にその場で話して終わりで、次に繋《つな》がったこともないから……」っていう話、聞いたことがあるわね。

合コンし慣れている男女が集まれば、その場はたしかに盛り上がるけど、『多くの合コンのうちの一つ』だっていうことで、出会いを大切にする気持ちが欠けてしまっては残念だと思うの。

ギャル

たしかに合コンって、打率はあんまりよくない。なんていうか、男ってヤレるコ探しに来てるのが見え見えだし。連絡先を交換しても、「今度、別のメンバーで合コンしない？」とか、合コンジャンキーみたいだったりとか。

あと、基本的に女のコで本当にモテるのは、無難な雰囲気の女子で、あたしみたいなギャルとかだと、あからさまにヤリ目[*1]で口説かれるか、基本、その場で騒いで終わるだけだったりして……。

まぁ、もともと、合コンの中には、エッチをする気まんまんで開かれる合コンもあったりもするし、男女互いの思惑が合致していれば問題はないんだけど（笑）。

＊1　ヤリ目的のこと。一口に合コンといっても、主催者の思惑や集まる集団によって、カラーが変わってきます。

婚活

婚活している男女が集まる合コンの場合はまた違いますよね。目的は『その時間を楽しく過ごす』の一歩先で、結婚を意識するあまりに、「つき合ってもいい人か、否か」という視点で見てしまう。だから、つい相手を見る目が厳しくなりがち……。

でも、そう頑《かたく》なにならずに、1回の合コンで「とりあえず一人と仲良くなって、連絡先を交換してみること」を目標にして参加することをオススメします……ってこれは、自分に言い聞かせてるんですけどね（苦笑）。

素敵

わたし、合コンは基本的にあんまり参加しないけど、でも、彼氏がいないときなんかは、「人数合わせにお願い」って言われて何度か参加したことがあります。そのときは、すごく盛り上がったし、隣に座っていた男のコに、後日誘われてデートまでしました。

そもそも、合コンって出会いの場。人数合わせだとしても、女のコだって基本的には「ひょっとして、いい出会いあるかも」って期待して来ているわけだし、最初から「時間の無駄」なんて言っちゃうのはもったいないですよね。

ちなみに合コンで「いいな」って思うのは、遠くにある食べ物のお皿を回してくれたり、飲み物が空いているのに気がついてくれたりの気遣い[*2]。反対に嫌だなって思うのは、一気飲みの強制とか、あとはセクハラかな。あんまり身体をベタベタと触られると、ちょっと嫌な気分になります。

＊2 人とコミュニケーションを取ろうとするには、何らかの気遣いが必要です。「気遣いが上手くできない、ぶっきらぼうな男性がいい」という女性もいますが、相手がどんなであってもときめくことができる恋愛の初めはよくても、やはり最終的には互いにある程度の気遣い、配慮、思いやりがないと長くは続きません。

キャリア

一気飲みを強制するなんて、問題外。セクハラもね、スキンシップで距離感を縮めるつもりなのはわかるけど、「ベタベタ触られOKのキャバクラじゃない！」って思っちゃう。そもそも、スキンシップは、好意を持っている人にされるから嬉しいんであって、口説かれてる最中に触られても、別に好意が増すわけじゃないよね。

あと、じつは合コンで一番難しいのがお店選び。その女のコたちが、雰囲気と値段とどっちを取るかがリサーチできていればいいけど、そうじゃないと、ダイニングバーがいいのか、安いチェーンの居酒屋がいいのか、悩ましいところ。

文系

同じ年だったり学生同士なら割り勘[*3]でも全然いいと思うんだけど、年上の人に、普段はなかなか行かないような高い店を設定されて、で、まったく割り勘だとちょっとお財布的にはつらい。だからわたしは、無理してがんばるよりも、身のほどに合ったお店にしてほしいです。

そういう意味で、『合コン』っていう言葉を使わずに、『飲み会』って名前のほうが参加しやすいかも。合コンだとつい「ワンピースとか着ないといけないの？」とか、「サラダをいそいそ取り分けないと、モテる気ないって思われちゃう？」とか気になっちゃうから。それに飲み会なら、男のコたちも「オゴらないと」とか気にしなくて済むから、都合いいんじゃないかな。

＊3　かつては男性がオゴる風潮がありましたが、男女の関係をイーブンにという流れの現代では、基本的には割り勘でも問題ありません。しかし、男性のほうが極端に大酒飲みだったり、女性陣に比べてあからさまに料理を食べていたりする場合は、多めに払ったほうが好印象です。

「彼氏が欲しい」「友だちのつき合い」「彼氏と別れたばかりで寂しい」「暇だったから」……女性が合コンに参加する理由は様々ですが、しかしどうであれ、男性との出会いを期待していることに違いはありません。

では、合コンで、どんな男性がモテるのか……というと、気遣いのできる人です。

男性が、第一印象で可愛らしい子に目を引かれるのと同じく、女性の目を引くのも、やはりルックスのいい男性であることが多いですが、数時間、同じテーブルを囲んでいる中で、次第にキャラクターが見えてくると、「いいな」と思う対象は変わっていきます。**その「いいな」が一番アップするポイントが「気遣い」というわけです。**

気遣いは、本当はすごく簡単なことです。けれど、意外とわからない、気がつかないという人もいるものです。なので、ここで合コンの席における気の配り方（好かれるふるまい）と、反対に配慮がないと思われてしまいがちな行動（嫌われるふるまい）をご紹介します。

ちなみに、この気遣いは「男性が女性に一方的に奉仕すべし！」というわけではありません。女性も男性に気を配ることは必要ですし、女性が女性に、男性が男性にだって必要なことです。

好かれるふるまい

●きちんと話を聞く

女性の話は取りとめがなく、オチがないと言われますが、じつは何かを伝えたいから話しているのに、上手く言葉が継げずにいることもあるのです。**なので、話し下手なコが隣にきたら「それからどうしたの？」「それはどういうこと？」と話を促してあげると、話しやすい人だと好感を持たれやすいです。**

●店員へ丁寧に対応する

仕事とはいっても、自分に奉仕してくれる存在に対して、横柄な態度を取る男性は、女性に「つき合うと、わたしにもそういうふうに偉そうになるのかな」という連想をさせます。

店員だからといって、格下の存在ではありません。なので、乱暴な口を利いたりするのはやめましょう。

●女性が何かをしたときに、お礼を言う

食べ物を取り分けてくれたり、店員にグラスを返すときに橋渡ししてくれたり、遠いところにある調味料などを取ってくれたときなどには、必ず笑顔でお礼を言いましょう。

男性が女性の笑顔に魅《ひ》かれるのと同じく、女性も男性の笑顔が大好きです。

嫌われるふるまい

● 男同士だけで内輪話が盛り上がる

知らない話で盛り上がられてしまうと、入っていく隙がありません。内輪話は、男同士の飲み会でしましょう。

● トイレに複数で行く

トイレで「誰にする?」なんて作戦会議をしているのかな、と怪しんでしまいます。

● 女性をさげて笑いを取る

人に突っ込みを入れて、笑いを取るというテクニックがありますが、よほど気心の知れた仲ならまだしも、初対面の女性を相手にすると、「笑い者にされた」として嫌な気分にさせてしまうことがあります。また、お笑いの突っ込みのように、女性を叩くのもNG。よく知らない人に叩かれて、嬉しい人はいません。

●自慢話ばかりする

話しているほうは気持ちいいかもしれませんが、聞いているほうはあまり面白くない話の代表が自慢話です。「俺はすごい」ということを知らしめたい気持ちがあるのかもしれませんが、むしろ小さな人物に見えてしまうので損です。

●つまらなさそうにする

好みのタイプの女性がいなくても、その場を楽しむ余裕を持ちましょう。なぜならば、**その女性には何人もの女友だちがいます。その女友だちの中に、あなたとぴったりと合う相手がいないとは限りません。**その女性を邪険にすることで、縁がばっさりと切れてしまってはもったいないことです。

●泥酔《でいすい》する

お酒を飲んで楽しく酔《よ》うのはいいですが、記憶を失うほど泥酔するのは考えもの。酔っぱらっている当人は気がついていませんが、同じ話を何回も繰り返したり、判断能力が鈍《にぶ》って、失言を漏《も》らしたりする可能性もあります。節度を持って楽しみましょう。

Q3.

最近は街コンっていうのがありますよね。あれってどうなんでしょうか？

キャリア

街コンは通常、同性2～3人組で参加して、決められた地域の何店舗かの店のハシゴを楽しみながら、そこでの出会いを楽しむというもの。最近はちょっと人気は下火になってきたみたいだけど、まだまだ多く開催されているわよね。合コンと同じく女性側も出会いに来ているわけだから、期待はできるはず……なんだけど、やっぱりそもそもその人が持っているモテ能力次第っていうのがあるのよね。

合コンなら幹事がいるものの、街コンの場合は、初対面同士になるでしょ。そうすると、どうやって話題を盛り上げていくかっていう問題が出てくる。

アキバ

でも、初対面だからこそ、そこで話題が盛り上がると、ちょっと運命を感じてしまいます。わたしの場合は、アニメの話とかが合うと楽しいです。だから、街コンに参加するなら、やっぱりアキバとかを選びます。
そういう意味で、街選びは大切ではないでしょうか。間違って銀座や恵比寿なんて行ったら、何を話していいかわからないですし……。

素敵

アキバちゃんが言っているとおり、その街の持つ特色を理解することも、成功率をアップさせるポイントの一つですよね。
たとえば、音楽やお芝居などのカルチャーが好きなら高円寺、年齢が若いならば下北沢、働いている女性との出会いを求めるなら銀座というふうに、街なりの特色を考えながら参加すると、いい出会いに巡りあいやすいと思いますよ。

街コンは、互いに初対面同士である上に、周りにはいくらでも出会いを求めている〝代わり〟の異性がいる状態です。なので正直なところ、「盛り上げ力」が問われます。
女性と同じテーブルに座っても、自分から話すキッカケがつかめない人や、会話に自信

のない人は、女性と気安くしゃべれる、女性慣れをしている男友だちと一緒に参加することで、場の盛り上がりをカバーしましょう。

また、街コンがブームとなった理由の一つに、参加者同士に〝街〟という共通点が存在するということがあります。ターミナル駅から離れた地元密着の街コンならば、参加者も近隣および、沿線に住んでいる人のことが多く、共通の話題も作りやすいはず。

そのため、「今度は○○に一緒に行きませんか？」といったふうに、次に繋げやすくなります。

Q4.

こういう合コンや街コンに参加したとして、どうやって次に繋げればいいのかな？

キャリア

そりゃもちろん、連絡先の交換をしないと。だいたい最後に幹事が連絡先の交換を全員に促したりするけど、それを待っていちゃダメ。女のコ側からすれば「社交辞令的に交換した」ってイメージしか持てないからトキメキがない。一番いいのは、二人でトーク中に、うまく「次に会おう」って約束を取りつけるの。

たとえば、映画の話から、公開中の作品の話に会話を持っていく。向こうが「興味がある」って言ったらこっちのもの。「じゃあ、一緒に観に行こうよ」で、連絡先を交換する、と。もちろん映画だけじゃなくって、展覧会でもいいし、ライブでも、なんなら美味しいレストランでもあり。大げさにいうと、合コンのすべての会話は、デートに誘いだすための布石だと思ってもいいくらい。

素敵

キャリアさんの言うとおりだと思います。いくらその場が盛り上がっても、連絡先を交換しなければ、それっきりになっちゃうから。

幹事が気をきかせて、後日LINEのグループを作ったりすることもあるけど、特別感が薄れてしまうのが惜しいんです。そこまで話が盛り上がった人なら、LINEの交換くらいは気軽に応じちゃう人がほとんどだと思いますよ。勇気を出して連絡先をゲットしちゃいましょう。

あと、合コンや街コンで会話を盛り上げるコツは、女性に質問をしてしゃべらせること。「俺の話術」で盛り上げるのもいいけど、「一方的なしゃべくり」よりも「二人だけのやり取り」のほうが親密さはアップしますよね。

アキバ

たしかに「デートしようよ」と言われると、「えっ、わたしなんかをデートに誘うって、何か下心が？」と怪しんでしまいますが、たまたま趣味が同じとかで、「一人で行こうかな」と思っていたところだと、「ぜひご一緒に！」となります。

あとは反対に、ちょっと興味があるけど、一人では入っていきにくいなぁっていうところに誘われると嬉しい。たとえば、アイドルのライブとか、新参だとどうしたらいいかわからないから、詳しい人に連れていってもらえるとありがたい。

ギャル

趣味や好きなものの話で、相手の興味を引くのはいいと思う。たいがいの人は、好きなものについて話すときは、楽しそうな顔をすると思うんだけど、それを「素敵だな」って思うことはよくあるし、何かに夢中の男性って、ハートをくすぐられる。

あと、「俺って○○な人だから」って自己認識を説明されるよりも、むしろ、ただ好きなものの話をされたほうが、キャラクターが伝わってくる。「そんなに面白いなら、一緒に行ってみたい」って思ったり。あと、相手に「いいな」と好感を持っている場合は「興味あるから、今度、連れていって」ってデートに誘うキッカケにもなる。

婚活

わたし、婚活中なので、未婚でありさえすれば誰とでも、誘ってくだされば、1回はデートをすることに決めているんです。けど、基本的に引っ込み思案なので、後日、連絡を取り合って……という感じだと、実際に会うところまでたどり着けないというか、いつの間にか、尻切れトンボになっちゃうことがあるんです。
「もう1度会いたかったなぁ」と思いながらも、「自分からあんまり積極的に行くのも、引かれちゃうかなぁ」って。だから、その場で次に会う機会を決めてくれると、すごく嬉しいです。

受け身だったり、あまり自分に自信のないタイプの女性の場合、自分から積極的には、男性にアプローチができないことがよくあります。
とくにＬＩＮＥやメールなどで日程を調節する場合、「この日はダメ」「この日も予定が……」とすり合わせているあいだに、「わたしなんかと会いたくないのかな……」「これって縁がないってことかも」とネガティブに考えてしまい、結局、1回もデートしないまま、なんとなく連絡を取らなくなってしまうことも。

なので、合コンや街コンなど、「男女の出会いの場」とされている場所で女性と出会ったら、その場で次に会う日程を決めてしまうと、次への展開がスムーズです。

文系

Q5.

とにかく「デートに誘え！」ってことはわかったけど、その前に盛り上がってないと難しいですよね。どうやって盛り上げればいいの？

口下手だっていう男性がいますけど、そもそも口が上手ってどういうことなんだって話なんですよね。とくに合コンなんかの場合は、「盛り上げ上手にならないと」って男性たちは思うかもしれないけど、「盛り上がる」ということを、大声ではしゃぎまくることと勘違いしている人が多いような気がして。

たしかに、大騒ぎが楽しいこともあるけど、それって、そのときだけになりがち。それよりも、きちんと会話をして、人として興味を持たせてくれたほうが、「また会いたいな」に続くと思います。

キャリア

「トークで盛り上げないといけない」って思うのは、口下手な男性にとってはプレッシャーがかかることよね。けど、安心してほしいのは、「話が盛り上がる」というのは、男性が一方的に話術で相手を楽しませるわけではない。互いに話題を提供しあって盛り上がるものなんです。

　じゃあ、どうしたら会話が盛り上がるか……というと、一つ簡単な方法としては、相手が答えやすい問いかけをして、それに対する自分の持っている話題で返す。その際に、再び問いかけて戻す、という方法かしら。

素敵

　そうですね。たとえば、貴方が「学生時代って、何かしてました？」とたずねて、女のコから、「バスケットボールをしていました」と返ってくるとして、もしも自分もバスケットボールの経験がある場合は、その共通の話題で盛り上がればいいですし、ない場合は「何年くらいやってたんですか？」や「スポーツが好きなんですね」と、取っ掛かりを見つけて会話を展開していく……という感じです。

　ポイントは、相手の経歴やキャラクターを探りつつ、自分についても伝えることかな。相手からも貴方に対する問いかけがなされてきて、ちょうど半分半分くらいになるとベストなんじゃないですかね。7対3くらいでも大丈夫だと思いますけど、男性が9割以上話している状態だと、あまり相手は話に乗ってきていないということなので、話題を変えたほうがいいでしょうね。

ギャル

　もちろん、気を遣って盛り上げてくれる存在がありがたいときも多いけど、それは、そういうことが得意な人に任せればいいだけのこと。それよりも、あたしにきちんと興味を持ってくれて、どんなものが好きで、どんなことを考えているのか、探ってほしい。
　あたしなんて、こういう感じのせいか、「遊び慣れてるっしょ」とか、「そういう感じに見えて、意外と家庭的だったりして？」とか言われがちなんだけど、どっちも外見[*1]からの決めつけだから、最近はちょっと寂しいなって思うようになってきて。
　まぁ、見た目から判断されちゃうのは仕方ないのかもしれないけど（苦笑）、そこをもう一歩、踏《ふ》み込んできてくれる人に好感を持つ。

＊1　外見から人を「こういう人なんだろうな」とイメージすることは当然の行為でもありますが、人はそれぞれ「自分は一人だけ」と思っています。そこを探られることは、女性にとって「自分に興味を持たれている」ということで嬉しいものです。

Q6.

そもそも合コンに誘ってくれるような友だちがいないんですが、どうしたらいいでしょうか？

婚活

はーい！　わたし、それ、いいところ知ってます。婚活の情報を集めているうちに知ったんですが、ネットに『一人合コン』っていうサービスがあるんです。

最少は男女それぞれ2名ずつ、大きいものだと5対5とかで、だいたいの年齢層も申し込む前にわかるようになっているし、なんなら、先に申し込んでいる人たちがどんなタイプなのかもチェックできちゃう。

それぞれ一人ずつ申し込んでくるから、最初はちょっと照れくささが漂うこともあるけど、結局みんな『合コン』がしたくて来ているわけだから、すぐにわいわいと打ち解けた雰囲気になります。

　料金は男性が7000円から8000円くらいで、女性は3000円から5000円くらい。ちょっと高いと思うかもしれないけど、飲み放題と食事の料金も入ってます。女性もそれなりの値段を払うので、出会いに本気の人が集まっているし、かといって、婚活パーティーほどには、シリアスじゃないのでオススメです。

　ちなみに一人で合コンよりも友だちがいたほうが心強い場合は、合コンセッティングサービスといって、好感を持ったプロフィールの登録女性との合コンを設定してくれるサービスもあるので、そちらもどうぞ。

キャリア

　わたしの周りの友だちも、そういう合コンに参加したことがあるって言ってたわ。その子たちが言うには、合コンといってもテーマがある「趣味コン」っていうのがあるんだって。
　たとえば、〝映画好き〟や〝野球好き〟が集まる合コンだったり、参加条件に〝ペットを飼っている人〟っていうのがある「ペット好き合コン」や、「料理合コン」「キャンプ合コン」「謎解き合コン」なんていう、実際に料理やゲームをおこなう合コンまであるみたい。趣味が同じだったり、何か一つのことを一緒にやりながらだと、盛り上がりやすいって。

ギャル

そういえば合コンじゃないんだけど、最近は相席居酒屋っていうのもあるんだって。お店に入ると、異性を同じテーブルに座らせてくれるらしいんだけど、行った友だちの話だと、〝友だち探し〟くらいの軽いノリで、初対面の異性とわいわい飲めちゃうって言ってた。

値段も普通の居酒屋よりちょっと高いくらいだし、幹事[*1]のいる合コンと違って、あんまり盛り上がらなくても、後腐れもないし（笑）。実際の合コンの練習代わりに挑戦してみる価値はあるかな。まぁ、タダ飯食いの女にだけは注意だけど。

＊1　本来は男女それぞれの幹事によって開催されていた合コンですが、一般的になるにつれ、様々なサービス業者が参入することとなりました。その結果、出会いたい人々のニーズに応える形で差別化が進み、参加しやすい状況となっています。

Q7.

でも相手選びにも、ちゃんと時間をかけたいです。何度かデートして「やっぱり合わない」ってこともあるし……。

アキバ

わかります！　わたしも最初からオタ趣味を全開にはしにくいし、したところで引かれておしまいってことも想定できますし。かといって、じゃあ、どのタイミングでカミングアウトすればよいのかもさっぱり……。

なんで、最初はどちらかと言えば、顔見知りや友だちから始まって、そうしていつしか互いに、もしくはどちらかが興味を持って、という流れがベストだと思ってます！

文系

うん、わかります、わかります。そりゃ、男のコも女のコも、ルックスがすぐれているほうが、恋愛する上ではもちろん有利だとは思うけど、ちゃんとつき合う場合は、気が合うかだったり、一緒にいて楽しく過ごせるかのほうが、大切だと思うんです。

でも、それってわかるまでには、ちょっとだけ時間がかかる。だから、日常を共にしながら、互いを知っていける職場恋愛とかは、とくに奥手な男性には向いていると思います。互いにあんまり顔が好みってわけじゃないから、もしも合コンで知り合っていたら、絶対につき合っていなかったけど、職場で一緒に働くうちに性格が合うことがわかって、恋に落ちたってカップル、知ってますよ。

キャリア

職場恋愛のいいところは、つき合うのにちょっと覚悟がいるところもあるわよね。たとえ、周囲にはその関係を隠すにしても、気楽につき合ったり別れたりができない。だから互いに、将来を見据えたつき合いになることが多い……。
と言いつつ、職場って不倫恋愛の温床だったりもするんだけどね。

素敵

ええっ！　本当ですか、それ（驚）⁉

キャリア

本当よ。しかも、相手が既婚者だと知って、肉体関係を持った場合、その夫や妻は、不貞をおこなった二人に対して、慰謝料を請求することができるの。既婚者と恋愛をするには、それ相応の覚悟が必要ね。恋愛するなら独身者と。これ、忘れちゃだめよ。

Q8. 会社でいいなって思った人がいた場合、どうアプローチすればいいんですか？

素敵

まずは挨拶《あいさつ》ですよね。っていっても顔見知りだったら、朝や帰りの挨拶くらいはすると思うけど、それに一言つけ加えるといいと思います。あんまり長く会話しすぎるのは、相手が急いでいる場合があるので注意が必要だけど。

挨拶のたびに何かプラスアルファの会話があると、よほど鈍いタイプじゃない限り「あれ、ひょっとしてわたしに気がある？」くらいは思ってくれるはず。

そうして下地を作っておいて、何かの機会のときに、同僚と一緒にイベントを立ち上げて誘ってください。最初は仕事後の飲みでもいいけど、休日のバーベキューなんかもオススメ。

ただし、真夏の海辺とかプールはダメですよ。最初から水着を期待されても、困っちゃうので、あくまでもある程度の距離は必要です。

文系

下地は、たしかに大切。いくら同じ会社だからって、いきなり話したこともない人に飲みに誘われても困っちゃうし。

あと、わたし的には、本やDVDの貸し借りとかも、自然と仲良くなれると思う。その場合は、両方ともが読書や映画好きっていう前提が必要だけど、もしも彼女にそういう趣味があるってことがわかったら、雑談の中で「○○さんって本に詳しい？　最近の本で面白いやつあったら教えて」って言えば、きっと教えてくれると思う。

それで、最初は買って読んで、軽いお返しと一緒に感想を言いつつ、「ほかの作品も読んでみようと思う」ってつけ加えたら、きっと「貸しますよ」って流れになるんじゃないかな。あっ、ちなみにお返しは、500円から1000円くらいのデパ地下のお菓子なんかが喜ばれると思う。

婚活

お礼にランチとかも誘ってもらえると嬉しいけど、いつも食べるグループが決まっている場合は、ちょっと気まずい雰囲気になったりもしますよね。女性ってゴシップが好きな上に、全員が婚活中だったりしたら「抜け駆けした」っていうことで、一気に皆を敵に回すことにもなりかねない……。

そういう社内恋愛ならではの悩みというと、たまに「仕事の相談がある」とか「折り入って話がある」とかそういう理由で呼び出しておいて、実際に飲みに行くと、まったくその話が出ないっていう。方便に使ったっていうのもわかるけど、こっちがシリアスモードで行った分だけ、肩すかしを食らった気分になっちゃうのも確かです。そういうだまし討《う》ちはやめたほうがいいと思います。

キャリア

社内恋愛ならではの問題点には、「どこまでぐいぐいと口説いていいか」もあると思うの。ほら、恋愛を始めるには、相手に好意を示すことが必要でしょ？

相手が同じく好意を持ってくれれば、互いの関係を深めていくことになるし、もしも相手に「恋愛感情が持てない」と判断された場合は、やんわりと拒否されることになる。そこをきちんと見極めないと、ストーカー扱いされてしまうことも……相手に気がないのに、ぐいぐいと押すばっかりは社内恋愛では危険。

あと、もう一つの問題は、上手くいかなかった後も、同じオフィスで仕事を続けなくてはいけないことね。振られた相手の顔を、毎日見なくちゃいけないから、なかなか諦《あきら》めきれないかもしれないし、ほかの男性社員と話しているところを見て、胸が痛い思いをするかもしれない。もしかして腹が立つこともあるかも……。

でも、毎日顔を合わせる職場なら、挽回のチャンスはあると思うの。仕事を頑張っている姿を見せられるんだから。「最近、ちょっといいふうに変わった」って思って、今度は彼女のほうからアプローチを掛けてきてくれることもあるはずだから、振られても決してふてくされずに、自分をブラッシュアップするほうが前向きでいいはずよ。


職場で毎日のように顔を合わせる以上、恋に落ちてしまうのは仕方ないことです。女性側も、身元が知れている安心感から、好意を持ちやすいのも事実。

しかし、職場は基本的には仕事をする場所です。ゆえに、恋愛というプライベートな行為を持ち込むには、いくつか気をつけるべきことがあります。いくら「積極的にいかないと恋愛は成就《じょうじゅ》しない」といっても、社内恋愛ではより一層の節度が大切です。〝帰り道の待ち伏せ〟などは、女性を驚かせるだけなので、絶対にしてはいけません。

「そうはいっても諦めきれない」「もしかして、向こうもまだ迷いあぐねているのではないか」などという場合は、同僚も含めて複数での飲みなどに誘ってみましょう。

もしも誘いを受けてくれた場合は、彼女だけを特別扱いするのではなく、その場にいる全員が気持ちよく飲めるように気を配りましょう。

女性の多くは「自分に好意を持ってくれるから好きになる」のではなく、「素敵な人だから好きになる」のです。なので、貴方に必要なのは、彼女に「好きだ」という気持ちを伝えることではなく、彼女に「素敵だな」と好意を持ってもらうことです。どうしたら好意を持ってもらえるかは、合コンの項にあった「好かれるふるまい」「嫌われるふるまい」を参考にしてください。

Q9.

友だちがネットのオフ会で彼女を見つけたっていうんですが、本当に出会えるのか疑問です……。

アキバ

ネットは会えますよ。といっても、出会い系とか、そっちの情報はわからないですが。ツイッターとかでリプ[*1]をもらったりして、会話を交わしていくうちに、友だちの友だちくらいと、だんだんと仲良くなることってあるんです。で、何かの集まり……イベントやライブなんかで、偶然に会ったりとかするじゃないですか。

そういう場合、「一度しか会ったことのない人」のはずなのに、ネットで会話をしていたこともあって、めちゃくちゃ親しい間柄っていう錯覚を起こしちゃうんです。

さすがにツイッターだけのやり取りで、「会いましょう」って二人で会うのは気が引けちゃうけど、一度そうやって実際に会った後なら、「こういうのがあるんだけど、一緒に観に行かない？」みたいな感じで誘ってもらえたりすれば、全然オッケーです。

＊1　ツイッター上のリプライ（返信）のこと。リプライのやり取りは、送り手と受け手の両方をフォローしている人のタイムラインにだけ表示されます。

ギャル

あたしはSNSの街コミュニティーの飲み会っていうか、パーティーみたいなのに参加したことある。日程と場所だけ決まってて、参加表明すれば誰でも参加できるやつ。

当日はチェーン店のレストランを貸し切りで、男性は7000円とかで女性は1000円くらいだったかな。安いから、友だちと「絶対に元は取れるよね」って何回か参加した。だいたい小さくて70人、多くて100人ちょっとくらいの規模だと思う。

でも、主催者によって、雰囲気は本当にマチマチかも。主催者がチャラいやつは、来る人たちもチャラい人が多くて、「ちょっとなぁ」って思ったことがあった。いかにも「ナンパ目的です」って感じの軽い男と、「イケメン以外は口もききません」って感じの悪い女とが、バッチバチで値踏みしてる感じ。

けど、別のパーティーの場合は、すごく穏やかでアットホームな雰囲気で、男性も女性も、恋人探しよりは「ワイワイできる友だちが欲しい！」っていう感じで、いやすかったから、そのカラーが大切。主催者の雰囲気で判断が必要。

キャリア

そういえば、同じ出身地の人と飲む、同郷飲み会とかもネットで探すとあるのよ。一度、わたしも参加したことがあって、それは同じ県出身者が集まる居酒屋みたいなところだったんだけど、「どのあたり出身ですか？」なんて話しかけられると、懐かしさも手伝って、結構盛り上がったわ。やっぱり共通点があるのは強い。

婚活

出会い系って、最初はちょっと胡散《うさん》くさい雰囲気ありましたけど、今は婚活のツールとして利用する人も増えてるし、婚活まではいかずとも、恋活っていう言葉も生まれて、女性側からしても、登録することにあまり抵抗がなくなってます。

ただ、やっぱり身体だけが目的の男性もいないわけじゃないから、女性からしたら利用するサイトを見極めることが大切。

やっぱり安心できるのは、結婚相談所がやってるサイトだけど、もう少しカジュアルな出会いを求めているんだったら、Ｆａｃｅｂｏｏｋ（ＦＢ）と連動のマッチングサービスなんかもオススメです。年齢や写真に嘘がつけない安心感があるし、出会い系や婚活サイトに登録するよりはハードルが低いおかげで、「恋人が欲しいなぁ」って思っているごく普通の人がたくさん登録しているんです。

文系

ネットで出会うことのよさは、口下手だったり、女性の前で緊張しがちな男性であっても、その前の段階で、ある程度のパーソナリティーを相手に知ってもらえているってことですよね。だから、むしろ、あんまり無理しなくてもいいと思うんです。だいたいイメージを持って会いにくるわけだから、逆に張り切りすぎてもビックリしちゃう。本当に普通でいいんです。
あっ、でもこれだけはやめてほしいのは、会った後とかにツイッターとかＦＢで意味深なことを投稿されること。もちろん、意味深であっても「可愛かったなぁ」とか、ポジティブな感じならいいんですよ。けど、「期待しすぎていたかな」とかはNGです。そこまでダイレクトじゃなくても、「終電面倒くさい」とかも控えてほしいな。「そんなに遅くまでいたくなかったってことを伝えたいのかな」とか、深読みしちゃうんで。

スマホの普及やFBなどSNSの流行により、ますますインターネットを介した出会いの可能性が広がっています。誰もが自由に、ネットにアクセスし、見知らぬ人と、簡単にコミュニケーションを取ることができるのです。男女の出会いにおいても、誰しも利用する価値のあるツールでしょう。

現実とは、また違った世界が広がっているインターネット。しかし、顔の見えにくいメディアという特徴がある以上、ついつい正直になりすぎたり、自分を大きく見せてしまったりすることがあります。**とくに、いくら正直な心情だとしても、あまりネガティブなことばかりを表現していると、相手に嫌気を感じさせてしまうこともあります。**

便利ではありますが、そういう諸刃《もろは》を持っていることを理解して、上手に使いたいものですね。

Q10.

道端を歩いている女性に声ってかけてもいいんですかね？

ギャル

もちろん、声をかけてもいいと思うんだけど、ぶっちゃけナンパって、雰囲気が勝負ってところがある。別にイケメンじゃなくってもいいんだけど、「自分と話が合いそう」とか「面白そう」とか、そういう雰囲気が大切。「この人と遊んだら楽しそう」って思わせることが大切。だから、一人でナンパしてくる人はちょっと敬遠するけど、こっちが二人組とかで、あっちも二人で「遊ばない？」とかなら、いいと思う。

あとは、ハロウィンやクリスマスなんかで街が盛り上がってるときかな。ハイタッチして「イエーイ」ってノリで、すぐにLINE交換くらいはしちゃう。イベントのとき、騒ぐために友だちと一緒に繁華街に出ている女性って、基本的には楽しいハプニングを期待してる。なんで、普段は「ナンパなんて……」と思っても、この日ばかりは無礼講が許されることもあると思う。

でも、いくら無礼講といっても、嫌がっているのに無理やりつきまとったり、身体にベタベタと触れたりするのは、もちろんダメだけど。

文系

雰囲気でいえば、わたしが必要だと思うのは安心感かな。路上でいきなり知らない人に声をかけられると、「この人、何が目的なのかな？」って思っちゃうじゃないですか。だって、わたしのことなんて知らないわけで、「じゃあ何なの」って。

「わたしの見た目が気に入って、興味を持って、仲良くしたい」って思ってくれたのなら、ちょっと嬉しい部分もあるけど、やっぱり、「セックスだけできればいい」ってことに通じるのかなって勘《かん》ぐっちゃう。

会ってその日にエッチすることに、抵抗がない女のコもいるとは思うんだけど、相手のことを知ってからエッチしたいというか。むしろ、よく知らない相手とエッチはしたくないっていう考えの女のコだと、ギラギラしたナンパは怖いし、困っちゃいます。

けど、「じゃあ全然ナンパはダメなのか」というと、そういうわけではなく、新しい出会い自体は歓迎したいわけです。だから、安心感が必要で、その安心感をどう出すかというと、それは「言い訳」だと思うんです。

たとえば、「女のコたちと合コンをするはずだったけど、急に中止になっちゃって。だから遊びませんか？」とか「友だちと会う約束してたんだけど、来れなくなっちゃって」とか「男二人でカラオケは寂しいから、一緒にどうですか？」とか、ちゃんと理由を説明してくれると、こっちも考えてもいいかなって思ったりもします。

アキバ

たしかに、ナンパする人の中には、「ナンパ師」って人たちがいて、ゲームみたいに女のコをナンパして、セックスをした数を競ってたりもするんですよね。

そういう人たちがいるのは仕方ないことですし、女のコだって〝行きずりのエッチ〟を楽しみたいコには、都合のいい存在なのかもしれないけど、普通に彼氏が作りたいコにとっては鬼門ではないでしょうか。だって、たとえつき合うことになったところで、彼氏がナンパ師だなんて、ちょっと厳しいのではないかと思います。

キャリア

わたしは、さすがに道端でのナンパはないかな。やってることが軽すぎて信頼できない。けれど、お酒を出すようなお店の場合はあり。

だって、行きつけのお店の常連さんとかに話しかけられたら会話くらいするし、初めて会った人でも、顔見知りのマスターが介してくれたら全然大丈夫。そういう意味で、行きつけのお店を持っているといいと思う。

素敵

お店といえば、立ち飲みのワインバルみたいなところで、男性に声をかけられたことがあります。立ち飲みのお店って、狭いじゃないですか。だから、隣り合った人に話しかけられて、自然とちょっと話す形になりました。そこはキャッシュオンのお店だったんだけど、一杯ご馳走《ちそう》してくれて、その手前、飲んでいるあいだは話さないといけないっていう雰囲気が、ナンパ向きだなって思いました。

キャリア

バーやクラブ、酒場で出会った女性に話しかける際、お酒を一杯ご馳走するのはスムーズな方法ね。その一杯を飲んでいるあいだはお話しして、飲み終えたタイミングでどちらかが「ちょっと違うな」と思ったら、「自分の席に戻ります」とか「飲み終わったから帰りますね」って、その場を立ち去ることを切り出しやすいから。

まぁ、基本的にそういった酒場での出会いは、大人同士のもの。だから、「オゴったのに逃げた」とがっかりする必要はないと思う。余裕を持って挑戦してみましょう。

Q11.

「バーで声をかけるのはOK」とわかったけど、そういうお店って、ちょっとハードルが高いというか……行きつけのバーってどうやって作るの？

婚活

それは、わたしも悩んでます。けど、こればっかりは勇気を出して店に入ってみるしかないですよね。ただ、最初から一人はハードルが高いという場合は、友だちと一緒に入ってみる。で、雰囲気がよかったら、今度は一人で来て……っていう感じですかね。

とにかくお店によって雰囲気がまったく違うと思うので、自分にマッチしたところを見つけるまで通うしかないのかもしれません。

キャリア

あとは、家の近くのバーっていうのは狙い目。なぜなら、そこのお客さんのほとんどは家が近く。だから、少なくとも「家が近い」っていう共通の話題で盛り上がれるでしょ？　家の近くで一人で飲んでいる女性は、少なくともお酒好きで、恋人がいない可能性も高いし。

Q12.

ギャル

そもそも一人で飲みに行く習慣がなくって……むしろキャバクラや風俗はどうなんでしょう？

うーん、「お客さんとつき合ってる」っていう、キャバとか風俗のコとかもいるって聞くけど、じゃあ「誰もがつき合えるのか」というと、もちろんそういうわけじゃない。むしろ、キャバクラは疑似恋愛をする場所だから。お客さんに「つき合えるのかな」と勘違いさせるのが、キャバ嬢のテクニックだし、風俗嬢がお客さんにやさしくしてくれるのも、単に仕事だからでしょ。

けど、キャバ嬢だって風俗嬢だって、〝フツーの女のコ〟だから、もちろん恋だってするし、お客さんに口説かれて、本気になっちゃうことだってある。

そういう意味で、キャバクラも風俗も出会いの場の一つではあるけど、そこから恋愛に発展させるっていうのは、初心者には難しいんじゃないのかなって思う。まぁ、女のコと話す練習のつもりで通うのなら、いいかもだけど……。でも、あっちは疑似恋愛のプロなんで、うっかり泥沼にハマらないように注意が必要かも（笑）。

婚活

もちろん気にしない女性もいるとは思うんですが、わたしは、キャバクラや風俗に行く人って、恋人にするのはできるだけ避けたいって思います。

だって、普通は悩まなくていいことに、悩んだり嫉妬《しっと》したりすることになるわけじゃないですか。あと、そういう店は決して安くないから、お金だってかかる。男の人は「それはそれ、恋人とは別」って言うかもしれないけど、こっちからすると、「わたしだけじゃ満足できないの？」ってやっぱり思っちゃう。

キャリア

たしかに、「風俗に行ってます」「キャバクラの常連です」っていう男性に、引いちゃう女性は多いわよね。わたしは、仕事や友だちと飲み会の流れでキャバクラに行くくらいなら、全然気にしない。たとえ「行ってきた」って報告を受けても、「そう」くらいのものだけど……。

でも、やっぱり風俗については、もしも行ったとしても、一応のマナーとして隠してほしいかな。「いちいち、そんな報告はいりません」っていうのが正直な気持ちです。

テレビなどで取り上げられる都内のキャバクラ嬢は、派手で世慣れたイメージですが、じつは郊外や地元などにあるキャバクラやスナックで働く女性たちは、意外に素朴《そぼく》で気さくです。もしも興味があるなら、行ってみるのも一つの手。

ただし、「男性にやさしくし、楽しくさせるのが彼女たちの仕事」ということを忘れずに。「ひょっとして僕のことが好きなのかも……」と勘違いして好きになってしまうと、大枚を費やすことになってしまうことにも。

また、多くの女性は、好きな男性に風俗やキャバクラに行かれると嫉妬したり、時には軽蔑《けいべつ》の感情を覚えることも。そちらもお忘れなく。

さて、この章では、様々な出会いの可能性を探ってみましたが、いかがでしょうか。「出会いが多い人」というのは、実際に出会っている人数自体も多いこともありますが、それ以上に「人と出会ったチャンスを逃さない人」でもあります。

では、どうすれば、一つ一つの出会いを無駄にせず、恋愛までこぎつけることができるのか――その方法を、次の章で明かしていきましょう。

第2章 イケメンじゃなくてもいい【外見編】

「外見なんて関係ない、人間は中身で勝負だ」という主張もあります。しかし、やっぱり外見は大切です。

もちろん「イケメンでないといけない」ということではありません。むしろ、顔の好みは人それぞれですし、それこそ「中身」が勝ることもある。

そもそも、多くの女性は「顔で恋人を選ぶとロクなことにならない」ということにも気づいています。

ただ、「それでも顔のいい男性にばかり魅かれてしまう」という面食いの女性もいます。ですが、「観賞するのはいいけど、実際につき合うなら、性格のほうを重視する」という女性のほうが現実にはずっと多い。

では「外見」とは何か……というと、それは「雰囲気」です。

表情、服装、髪型、身体の動きが作り出す「雰囲気」には、自然と「中身」がにじみ出る。ゆえに「外見（雰囲気）」で勝負するということは、イコール「中身」でも勝負することなのです。

しかし、「好む雰囲気」というものは人によってバラツキが生じます。

ヤンチャな雰囲気の男性が好きな女性もいれば、落ちついた大人っぽい男性が好きな女性もいるし、素朴であか抜けない男性に魅かれる女性もいます。しかも、そのどれかしかダメなわけではなく、「屈強そうな男性も好きだけど、年下っぽい可愛い男性も嫌いじゃない」という場合もあります。

ただし、これが「嫌いな雰囲気」となると、ある程度の共通項が見えてきます。**ざっとあげると、多くの女性が敬遠するのは、なんといっても「不潔そう」と「無神経そう」でしょう。**

その次に、人によっては敬遠しない。けれど、敬遠する人も多いのが「怖そう」「暗そう」「チャラそう」だと思います。

それでも、人によっては「怖そう」は「いかつくてカッコイイ」。「暗そう」は「物静かで落ちついている」。「チャラそう」は「明るくて楽しそう」という好ましい要素だと感じることも少なくありません。

では、その境目はどこにあるのでしょうか。

この第2章では、具体的に女性は男性のどういう部分を見て、雰囲気を感じ取るのかを学んでいきましょう。

素敵

Q1. 清潔感の出し方がわからないんです。どうしたらいいんですか？

「清潔感」を出すために、一番大切なのは、やっぱり「清潔」であることですよね。歯を磨くことや、きちんとお風呂に入ること、汗っかきの場合は、ハンドタオルやハンカチを持ち歩いて、きちんと汗を拭う。それだけでずいぶんと違うと思います。

というのも、女のコが不潔さを感じるのって、「におい」なんですよ。もちろん、体臭が悪いっていうわけじゃなくって、キュンッてすることもあるし、馴染んでくると安心感を覚えることもある。けれど、明らかな異臭を漂わせていると、体臭までたどり着けないので、できる限りにおいは抑えたほうがいいと思います。

夏なんかは、デオドラント[*1]のシートを使うといいし、歯を磨いても口臭が気になる場合は、歯周病由来かもしれないから、歯医者さんに行くと治りますよ。

＊1　薬局やコンビニなどに売っています。それほど高くはないので、夏場などは常備して、いつも持ち歩きたいものです。

キャリア

とくに年を取ると、男性には「加齢臭[*2]」っていうものが生じてくるものね。ファザコン気味で年上好きの女性なんかは、それに響くっていう話も聞いたことがあるけど、やっぱりにおいはないほうが無難。

洋服なんかも、たまに生乾きっぽいにおいだったり、タンスの中にずっと仕舞っていたような埃《ほこり》っぽいにおいがしたりするから、注意が必要。最近ではいい香りの柔軟剤が売られているから使ってもいいわね。

ただ、外国製のものだと、においが強すぎる場合もあって好みがあるから、注意が必要だけど……。まぁ、実際に嗅《か》いでみて、におう服は着ちゃダメってこと。

＊2　加齢臭が出てくるのは、一般には男性だと40代以降、女性だと閉経後と言われています。が、まだ「若いから」と油断は禁物。最近では、30代から出てくる「ミドル脂臭」というものも注目されていますが、こちらは使い古した油のようなにおいと言われていて、

加齢臭よりも女性には好かれにくいと言われています。

また、若い男性は新陳代謝がよく汗をかきやすいためか、いわゆる「男くさい」体臭が漂いがちです。しかし、体臭を好む女性は、少なからず存在しますし、「男くさい」のがイコール「くさい」というわけではありません。

ギャル

洗ってある服を着るのは当然のこととして、もったいないのが、よれよれの服だったり、シミのついた服を着ている人。

ものすごくお気に入りで、「それが着たいんだ！」っていう気持ちはよくわかるけど、清潔であっても「不潔そう」に見えてもったいないなって思う。

文系

こだわりで損してるタイプですね。反対にこだわりがなさすぎるというか、男の人って、女性と比べて、鏡に向かう時間がどうしても短いじゃないですか。そのせいか、あんまり顔回りに気を遣わないですよね。それこそ、鼻毛が飛び出ていたり、1本だけ長い眉毛がまぶたに掛かっていたり、肩がフケだらけだったり。

別にそれで嫌いになるってわけではないけど、「カッコイイ！」ってときめくこともないんで、ある程度、身だしなみを整えることはしたほうがいいと思います。歯が欠けているのとかも直してくださいね。

女性が「不潔」を感じるポイントは、「におい」と「見た目」の二つです。お風呂に毎日きちんと入っていれば、たしかに「不潔」ではありませんが、しかし、印象が不潔そうであると「不潔」に思えてしまいます。

とくに「におい」については、鼻が慣れてしまうこともあり、自分では気づきにくいポイントの一つですのでご注意を。女性はどんなにおいに敏感かを次にご紹介します。

これだけは押さえたい 男のにおい対策

●頭皮はいつも清潔に

赤ちゃんならともかく、大人の洗っていない頭皮のにおいは、決していい香りとは言えません。とくに薄毛の人は、髪から漂うシャンプーのにおいで誤魔化《ごまか》すことができず、ダイレクトににおってしまうのでご注意を。

●生乾きの服は着ない

きちんと乾燥されず、長時間湿っていた衣類から漂うにおいです。自分の身体から放たれるにおいではないために、嗅げばきちんとわかるはず。**出掛ける前には、着る服がくさくないかを確認し、異臭がするようならば諦めて別の服を着ましょう。**

●見落としがちなタンスのにおい

今どき樟脳《しょうのう》をタンスに入れている人も珍しいと思いますが、それよりもむしろ、長いあいだ服を仕舞い込んでいると、繊維《せんい》のあいだに残った身体の皮脂が酸化してくさくなることがあります。基本的には洗濯をすればにおいは消えますが、洗濯をしても落ちない場合は、鍋で煮洗いすると、さっぱり綺麗になりますよ。

●靴の中に10円玉を！

ムレるせいか、靴を脱いだ瞬間に強烈なにおいを放ちがちなのが足と靴下。何より、足と靴下と靴の中を清潔にしておくことが大切です。専用のケア用品もありますし、靴の中に10円玉を入れておくだけでも効果があります。

●脇下は医療の力に頼ろう

体質的にいわゆる「腋臭《わきが》」である場合は、自己流であれこれやっても、あまり効果が出にくいです。いっそ諦めてしまいたくなる気持ちもわかりますが、その前に勇気を出して病院に行きましょう。保険適用で治せることもあります。

よっぽど変わった趣味を持っている女性でない限り、「不潔」は何よりも嫌われる要素です。

しかし、「不潔」は「状態」なので、清潔にすればすぐに解決する問題でもあります。自分が行動すれば解決する問題で、悩んでいても時間の無駄。不潔がモテ要素になることは限りなくゼロですし、清潔でさっぱりとしていると自分も気持ちがよく、何事も前向きに考えるようになるはず。

ぜひ、不潔を解消しましょう。

Q2.

毛って、やっぱり処理したほうがいいのかな……よくわからないので教えてください。

婚活

腕とか脛《すね》とか、そこまでは普通は求められないと思います。もちろん、脱毛したほうが自信が持てるっていうのならば、してもいいかもしれないけど……。

でも、身体ではなく、「清潔感の出し方」で出てきた顔回りの毛は、ちょっと気にしてもいいかもしれないですね。

キャリア

短パンを穿く男性で、意識の高い人なんかは脛の毛を薄くしていたりもするみたいだし、たしかに、毛深いのは苦手っていう女性も、いることはいるから、気になるのなら脱毛してもいいかもしれないわね。

でも、脱毛してるってことで、引く女性もいるから、そこは自分の判断だけど。ただ、一つだけ気にしたほうがいい毛があって、それは鼻毛。鼻毛にキュンとする女性はいないから処理しておいて損はしません。

文系

ただ、毛深いとか毛深くないとかで、男性を判断する女性と恋愛しても、楽しいのかな、って思うんですけどね。こういうと元も子もないけど、恋愛ってもっと大切なことがあるじゃないですか。

「清潔である」とか「くさくない」とかは、恋愛以上に人としての嗜《たしな》みというか、最低限の身だしなみとして必要だと思うんだけど、それ以上のことだと、ちょっと他人に求めすぎというか……反対にこっちも求められるわけで。

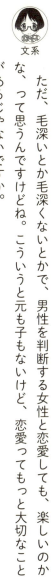

まぁ、脱毛くらいはするけど（苦笑）。

ギャル

でもね、ファッション系の男のコとかだと結構いる。ブラジリアンワックスで、脚の毛なんかを処理してるコたち。なかには、下の毛のVIO[*1]をハイジニーナにしてるコもいるくらい。

なんで、毛深いことを気にしすぎてるくらいだったら、脱毛くらい、しちゃってもいいと思う。「オシャレですねー！」って思うくらいで、なんとも思わないし。男が脱毛してるってことくらいで引く女性って、逆に心が狭すぎる。

＊1　下腹の逆三角形のところをVライン、股間の内側をIライン、肛門回りをOラインといい、ハイジニーナとはまったく毛のない状態です。ようは、陰毛を脱毛処理して無毛状態にすることです。

アキバ

うん。こういうのって、「大丈夫」か「ダメ」かって、生理的なものだから、濃い胸毛や脛毛なんかが「どうしても無理」ってコがいるのもわかります。

だから、もしも好きな女のコができたら、リサーチするといいかもしれないですね。

で、もしも「毛が濃い男性はちょっと……」って知った場合に、脱毛するかしないかは自分次第、というわけで。

素敵

ちなみに脱毛の方法としては、自分でするか、専門の機関でするか。自分でする場合は、抑毛剤で地道に毛を細くしていく、脱毛クリームを使う、専用のシェーバーを使う、っていう方法が代表的。

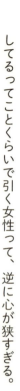

専門の機関に頼る場合は、エステ、もしくは専門の医療機関で施術してもらうことになるけど、値段やクオリティーがマチマチなので、選ぶのには、ネットの口コミなんかを参考にするといいと思いますよ。剃刀《かみそり》でそると、ジョリジョリになって足が擦れたときに痛いから要注意です。

Q3.

「毛深い」以外の男性のコンプレックスに「薄毛」「肥満」「チビ」なんかがあると思うんですが……その辺、女性はどう思ってるんでしょうか？

文系

うーん。これについては、もうその人それぞれの許容量と、好き嫌いの問題ですよね。男性でも華奢《きゃしゃ》で小さい女のコが好きな人もいれば、大柄でグラマラスな体型の女性が好きな人もいる、それと同じというか。

ただ、「薄毛」「肥満」「小柄」というのは、一般的には女性の好む要素になりにくいというのはあるけれど、なかには「安心感がある」とか、もっと単純に「身体の大きい人が好き」っていう理由で、肥満体型の男性が好きな女性は少なくないし、薄毛に関していえば、「色気を感じる」っていう人もいますよね。

男性が、女性に自分が持っていないものを求めるのと同じく、女性だって、男性と同じように自分に持ってないものを求めるんです。だから、濃い体毛や薄毛、恰幅《かっぷく》のいいお腹は、セックスアピールに繋がることだってあるんだと思います。

ちなみに、わたしは、どちらかといえば威圧感のない中性的な男性がタイプなので、肥満でも、大きすぎると怖いって思っちゃうけど、小太りくらいならむしろ可愛い感じがしてOKです。小柄な男性は全然歓迎。同じ目線で話ができるのが嬉しいです。

ギャル

むしろ薄毛を隠すために、こねくり回した感じの髪型とかのほうが痛い。額の後退を誤魔化すために、前髪を不自然にふわっとさせてるのとか、結構バレバレだから。

これ、あたしが言うことじゃないと思うんだけど、何かの『型』に自分をはめたがる人って多いじゃないですか。モテるためにイケメン風ファッションをしたりとか。

そりゃ、こっちからすると、「同じカテゴリーにいる」ってことがわかりやすいから、馴染みやすいのは確かだけど。でも、似合ってないのに無理やりにしているのは、見ててつらい。とくにある程度の年になったら、やめたほうがいいと思うし、「薄毛」も「肥満」も「小柄」も、イケメン風とは相性が悪い。そういうことはちゃんと考えたほうがいいんじゃないかな。きちんと客観的に「おかしくない」「似合う」ことをしていれば、「薄毛」も「肥満」も「小柄」も、そこまで気にすることじゃない。

素敵

たしかに、誤魔化すのではなく、ちゃんとその『女性に好かれにくいコンプレックス』と向き合ってる人って、それだけで人間的に素敵に思えます。それって、ちゃんと努力してるってことだから。

「薄毛」なら目立たない短髪にしたり帽子を被ったりする、肥満だとどうしても暑苦しく見えちゃうから、さわやかな服装を心掛ける、小柄の場合は大きめのサイズの服を着るのは逆効果。もちろん、シークレットシューズ[*1]を履く必要はないですよ。

＊1　「どうしても足の長さが気になる！」という人は、靴の中に仕込むヒールのついた中敷きがあります。これだとバレにくいので、よほどコンプレックスに思っている人は使ってもいいかもしれません。

キャリア

ぶっちゃけ言うと、会社にいる男性の3分の2は薄毛か太め。男って年を取ればたいがい太るか禿《は》げるかする。でなくても背が小さかったりして。40代になれば「イケメン」なんて30人とか50人に1人くらいじゃないの？
だから、本当に気にすることなんてないのよ。

「解消すれば楽になる」と頭ではわかりながらも、なかなか手放すことができない、そんな様々な肉体的コンプレックスに対処する方法には、どのようなものがあるのでしょうか。

外見コンプレックスの主な解消法

● 堂々と開き直る

「こういうふうに生まれついたんだから仕方ない」と、諦めるというスタンスです。
正直なところ、人は他人のコンプレックスなど、ほとんど気にしていないもの。本当に開き直ることができたならば、恋愛する上では、そのコンプレックスはほとんど障害にはなりません。

ただし、プライドを保つために「開き直っている」ことを周囲に知らしめようとして、過剰《かじょう》に自虐的になったりすると逆効果です。

周囲から「じつはすごくこだわっているんだな」ということが透《す》けて見えてしまうのでご注意を。

●攻撃的・排他的にならない

卑屈になるだけならまだしも、「どうせ俺なんて」と殻《から》に閉じこもると同時に、そうではない男性（自分の持っているコンプレックスを抱えていない人）や、その男性を評価する女性に対して、敵対心を持って攻撃的・排他的になってしまっている人を、たまにお見かけします。

そうなると残念ながら、恋愛からはますます遠ざかってしまいますので、なるべく気持ちをポジティブに、明るく生きましょう。「どうせ『イケメンに限る』んでしょ？」が口癖になっている人は気をつけて！

●適度に気にしない

気にしない＝コンプレックスではない、ということなので、「卑屈さ」や「無理した開き直りの痛々しさ」を外に感じさせないという意味では、つき合いやすい人と言えます。

ただ、問題なのは、気にしないあまりに、その〝コンプレックス部分〟を放置してしまうこと。病的な肥満や、無造作すぎるヘアスタイルは、恋愛を遠ざけてしまう要因になることも。

どうせ気にしていないのならば、そこにアイデンティティがあるわけでもないので、〝健康のために〟ダイエットをしたり、〝髪を切るついでに〟ちょっとオシャレな髪型にしてもらったりしても損はないかと思います。

●ひたすら努力する

女性は自分のために努力してくれる男性が大好きです。自分のためでなくても、「今よりもよくなりたい」と思い、どうしたらいいのかを考えて実行している男性を素敵だと思うものですし、たとえそれが思うようにうまくいっていなくても、「応援したい」と思うものです。

もっとも、「これだけ努力しているんだ」というアピールがあまりに強くて押しつけがましかったり、傍《はた》から見てわかるほどに無理をしていたりするようだと、ちょっと困ってしまったり、「大丈夫かな」と心配になってしまったりしますが……。

Q4.

『人は見た目が9割』って本がありますが、では、そのうち『顔』は何割？

キャリア

これは難しい問題ね。そりゃあ、芸能人みたいな美形だと「見た目」のうち、「顔」が占める割合は大きいと思うの。

でも、そうじゃない場合って、とくに面食いじゃない女性の場合は、せいぜい2割くらいじゃないのかしらね。むしろ大切なのは「顔の作り」ではなく「表情」のほうなんじゃないかしら。

文系

それ、ちょっとわかります。ほら、最近って草食男子が増えたとかで、女性側でも、男性に「可愛さ」や「親しみ」を求めることが増えたじゃないですか。

そのせいか、テレビに出てくるイケメンな男性アイドルたちって、顔全体で「くしゃっ」って笑ったりする。正直に言って、顔自体はそれほどイケメンじゃなくっても、笑顔が可愛いと、それだけで人気が出たりとか。そういうのを真似してもいいのかなって思います。よく笑う女性はモテるっていうけど、男性も同じってことです。

婚活

男性からしても、無表情で黙っている女性は、あまり感じがいいとは思わないですよね。女性からすると、男性とは体格差があるゆえに、無表情でいられると余計に怖かったり、威圧感を感じたりしてしまうんですよね。

寡黙《かもく》なタイプの人だとわかっていても、「怒ってるのかな」ってはらはらしちゃったり……。そもそも笑顔って「楽しい」「敵意がない」って証明でもあるので、「ニコニコしているのは、男らしくない」なんて思い込みは捨てて、素敵な笑顔を女性に向けてほしいです。

素敵

でも、「いくらイケメンでも仏頂面《ぶっちょうづら》だと感じ悪い……」と言いつつも、そりゃあ、ビックリするくらいに綺麗な顔立ちだったら、モテる場合もあると思いますよ。ツンとしているのを、「ミステリアス」だと感じる女性もいると思うので。

ただ、それを「ズルい」って言ってても仕方がないです。だって、そんな人にはなれないんだから。だから、努力して「感じがいい」と思われる人になれるかが大切なんじゃないんですかね。

ギャル

ぶっちゃけ、ルックスに恵まれた男性は、恋愛をする上で優位。けど、すべてではない。女のコの中には、「イケメンしか無理」という人もいるだろうけど、だんだんオトナになってくると、「きちんとコミュニケーションの取れること」とか「一緒にいて落ちつくこと」とか、「パートナーシップを育める相手」が優先条件になってくる。

だから、「女性に敬遠されない外見」を目指せば、そういう人の恋愛対象には余裕でなり得る。

Q5.

そんなに洋服にはお金をかけられません。じつはユニクロでほぼ統一しているのですが……。

アキバ

むしろ「何が問題なんですか？」って思いますよ。最近では種類も豊富で、人と被ることも少ないですし。まぁ、個性はあんまりないかもしれないけど、ルックスには個性がないほうがとっつきやすいっていう女性も多いのではないかと思います。

とりあえず「何を着ればいいのかわからない」っていう男性は、ユニクロを着ていれば間違いないのでは？

外資のファストファッション[*1]のブランドのほうがちょっと流行を取り入れてるから、オシャレに見えると思いますが。

＊1　H&M、ZARA、GAPなどといったファストファッションは、値段も手頃なのでオススメです。

素敵

でも、ちょっと無難すぎて、つまらないというか……もうちょっとオシャレしてほしいっていう気持ちもあるかな。デニムくらいはちゃんとしたデニムメーカーのものを穿いたりとか、逆にチノパンとかTシャツとかのシンプルなものはユニクロにして、シャツ[*2]だけは少しいいものとかにすると、ぐっとオシャレな印象になると思いますよ。

＊2　上半身に着けるアイテムは、シャツやニット、ポロシャツにTシャツなど様々な種類がありますが、下半身に着けるアイテムと比べて目に入りやすく、その人の印象を左右しやすいと言えるでしょう。シンプルな紳士服ほど、仕立てと素材がものを言いますので、あまり安っぽいものを選ぶのはやめて、少し上質なものを選ぶと、好印象を与えることができます。

婚活

ユニクロでも全然いいんだけど、やっぱり社会人だったら、わたしは、シャツやポロシャツみたいに襟《えり》つきの服を着てほしいかなって思うんです。もちろん、海や山や、バーベキューなんかのアウトドアだったり、フェスやライブなんかの身体を動かしたりする、カジュアルな場だったらTシャツでもいいけど、やっぱりシャツのほうがこざっぱりして見えると思う。とくに太めの体型の人なんかは、絶対にシャツのほうが痩《や》せて見えるから、だまされたと思って試してほしいです。

キャリア

Q6. じゃあ、ワンポイントだけオシャレするならどこがいいかな？

やっぱり、靴《くつ》じゃないかしら。スニーカーにしろ、ビジネス用の革靴にしろ、ブーツにしろ、オシャレな靴を履《は》いていると、「気を遣ってる人だな」って印象になるもの。

じゃあ、「オシャレな靴って何か」っていうと、わたしの個人的な好みとしては、オーソドックスで質のいいもの。っていうのは、オシャレ=奇抜、個性的って考えてる人がたまにいるけど、どうしてもこだわりがあってそうしたいわけじゃないなら、シンプルなほうが受け入れやすいと思うのよね。

男の人もそうじゃないのかな。あんまり個性的な女性だと、一緒に歩くのに困っちゃったりするでしょ？

素敵

たしかに、普通のシャツにチノパンとかでいいのに、なんで、わざわざベストを羽織るのっていう人とか、破れていたり紐《ひも》がついていたりと、やたらにギミックのきいたTシャツを好む人とか。

もちろん、両方ともオシャレに着こなせる人もいると思うんだけど、基本的には上級者向けアイテムだから、オシャレ初心者はやめておいたほうが無難ってことですよね。

あと、無難を考えると避けたいのが、じゃらじゃらアクセサリー[*1]とか、主張の強すぎる帽子とか。わたしは基本的に、トラッドな格好をしていれば間違いないと思ってます。

*1 「軽薄に見える」「似合っていない」「しなくていい」と、女性の中では、あまり歓迎する声を聞かない男性のアクセサリー。譲れないほどのこだわりがあるならば仕方ありませんが、とくに興味がない場合は、「しない」という選択肢が正解です。

アキバ

でも、わたし、無理して人に合わせなくてもいいんじゃないと思うんです。だって、わたしがいくら、キラキラ女子みたいに外見を取り繕《つくろ》ったって、結局のところ、中身がオタクなのは変わらないじゃないですか。

だから、ちょっと言い方は悪いけど、外見でだまして、たとえそのときは上手くいったとしても、最終的にはどうなのかなと、思ってしまい……。

それよりも、わたしのオタクっぽいところを理解して、好きになってくれる人とつき合いたい。男性も同じなんじゃないかなって。だから別に、自分の好きな服を着てくれてもいいと思います。

文系

わたしもそれには賛成！　だって、「ぴったりとしたミニスカートでセクシーな格好が好き」って言われて、最初は無理してそういう格好をしてみても、やっぱり自分らしくないなって思っちゃうんですよ。

それよりも、自分の「好き」がわかる格好をしてほしい。たとえば、バンドTシャツを着るとかって、そういうことですよね。無理して好きでもない無難なシャツよりは、そっちのほうが、ずっと興味が持てます。

キャリア

たしかに、年下の男のコなんかだと、素朴なほうが好感が持てるのはあるわ。そういう意味では、男性って必ずしも、カッコよくてイケてる服装をしていないといけないわけじゃないのよね。

それを踏まえると、わたしは「こだわりがない、オシャレに興味がない」っていう人のほうがいいかもしれない。だって、こだわりがない分「こういうのを着てほしい」っていうリクエストを受け入れてくれるでしょ？

だから、センスがないとかオシャレがわからないという人でも、とくに気にすることないと思うわ。ただ、その代わりに、つき合うことになったら洋服のセレクトは任せてもらうけど（笑）。

Q7.

髪の毛ってどうすればいいんでしょう。1000円カットじゃ、やっぱりダメ？

アキバ

これまた正直なことをいうと、その人が行っているのが、1000円カットか1000円カットじゃないかが、わからないのですが（笑）。

今の1000円カットには、若い人だって通ってるし、美容師さんも技術はもちろんセンスだってあります。なんといっても数をこなしているわけですし。
髪型をどうしたらいいのかわからないんだったら、美容師さんに「長めで今どきっぽく」とか「短めで今どきっぽく」とか適当にオーダーすれば、そんな変な髪型にされることはないと思います。

キャリア

でもね、わたし、一つだけ思っていることがあって、モテる人とモテない人の違いって髪型に結構出るのよ。会社の男性なんかでも、整髪剤でセットしているか、していないかで印象が大きく違う。きちんと切り揃えて、整髪剤で整えている人はサッパリとして見えるし、反対にボサボサで寝ぐせがついていると、モテを捨ててるように見えるのは否めないわ。

この章の初めで話題に出た「薄毛」も、長い部分は伸ばしてそのまんまにしているといわゆる「ハゲ散らかしている」という雰囲気になるし、「どうしたらいいかわからないから」で投げないことね。髪の毛を切りに行けば専門家に会えるんだから、そこで相談すればいいでしょ。簡単に解決できる問題よ。

素敵

「イケメン」と呼ばれる男性の多くは、じつは顔立ちよりも雰囲気で「カッコよさ」を醸し出している場合が多いんですよね。

その「カッコよさ」を醸し出す要素の一つには「髪の毛をきちんと整えていること」があるかも。ふわっと無造作な髪型の場合でも、計算して作っている髪型だったりもするんですよね。

なので、もしも家に整髪剤がないという人は買って、一度きちんと髪の毛を整えてみたらいいんじゃないでしょうか。見違えるほど、スッキリすると思います。

文系

ちょっと高度かもしれないんですが、「なりたい自分」と「なれる自分」って違うんですよ。いくら髪の毛がふわっとしたジャニーズみたいな雰囲気を目指したくても、土台が男っぽい雰囲気だったら、断然、それにマッチした髪型にしたほうがいい。

そういうことを冷静に測れる人は「センスがいい人」だと思うんです。自分に似合うものを知ってる人ってことだけど。

で、センスに自信がない人は、専門家である美容師さんに相談する、がベストだと思いますね。

Q8.

「オシャレは足元から」って言いますよね。それってどういうこと？

婚活

えっと、靴っていうのは、やっぱり善し悪しがはっきり出ちゃうんですよね。とくにビジネス用シューズの場合、きちんとした本革の靴を履いていると、しっかりした大人の男性に見えるし、逆にあんまりこだわってないと、オジサンっぽく見えちゃったりすると思います。

スニーカーも、履くならやっぱり基本のスポーツメーカーのものが無難ですよね。こういうと「つまんない、もっと個性を出したい」って思うかもしれないですが。

文系

個性を出すなら色や柄じゃないのかな？　ニューバランスやナイキ、コンバースだったら、それだけで『王道をチョイスしてる』っていうのがあるから、柄や色で遊んでいても、そんなに奇抜にはならない。

アキバ

逆にハイブランドの靴とかだと、「この人、なんかすごいな……」って引いてしまいますね。オシャレすぎて困っちゃうというか、むしろよくわからないというか……。
大人で、経済的に余裕のある人が、さらっと履いていたらカッコイイかもしれないし、全身トータルで良質なものを身に着けている場合はともかく、一点豪華主義でそこだけ高級ブランド物だと、いくら「オシャレは足元」といっても、ちょっと違和感があります。

ギャル

ホストが履いてるようなトンガリ靴も、一般的には女子ウケが悪い。あれって足をすらっと見せるから、お兄系のファッションで細いデニムを愛用している人たちのあいだでは人気だけど。そもそも、そのお兄系ファッション自体が、一部の女子の心にしか響かないものだけどね（苦笑）。

キャリア

何といっても気をつけてほしいのは、やっぱり清潔かどうかよね。ドロドロの靴を履いてたり、脱いだら鼻が曲がるくらいくさかったりは、やっぱりちょっと……。
あと、靴の踵《かかと》を踏むのは、カッコよくないし、お行儀が悪いので、やめましょうね。

素敵

コートのボタンを外して着たり、シャツの袖をまくったりと、洋服をわざと着崩してカジュアルに見せるテクニックもありますけど、靴だけはきちんと履かないと、だらしのないイメージになるんですよね。

踵を踏んで履いてるのは、あっという間に傷《いた》んでしまって、もったいない（苦笑）。きちんと磨いたり洗ったりと手入れをして、綺麗に履きこなすのがいいと思います。

Q9.

デートのために服を買ったとして、それを毎回着ていくのはアリ？

素敵

いわゆる勝負服っていうやつですよね。

自分とのデートのためにわざわざ服を買ってくれるなんて嬉しいけど、それがいつもだと、ちょっと変な人っぽいかもしれない（苦笑）。

アキバ

TシャツにGパンとか、どうでもいい感じで、いつも同じ服を着ているのは「無頓着《むとんちゃく》な人なのかなぁ」って思うくらいですが、それがキメキメの場合は、ちょっと圧力を感じてしまいますよね。「この俺の服、オシャレじゃね？」という種類の。

キャリア

正直、バランスが悪い人に見えちゃいますよね。
「全身お店の店員さんに選んでもらいました！」っていう安心感があって、デートにはいつもそれで臨んでいるのかもしれないけれど、やっぱりトップスくらいは替えたほうがいいと思うわ。下が同じパンツでも、上のシャツが違うだけで全然イメージが変わるから。

婚活

洋服といえば、デートで女のコに選んでもらう、とかもいいと思いますよ。「洋服を買いたいんだけど、よくわからなくって1万円以内で選んでもらえない？」とか。

女のコって着せ替えゴッコとか大好きだし、テレビとか見てても、よくお昼の情報番組なんかで「芸能人が○円以内でアウトレットモールでお買い物」とかやってるじゃないですか。それくらい、お買い物や洋服を選んだりするのが好きだったりするんです。

しかも選んでもらえば、自然とそのコの好みの服にもなるわけで、一石二鳥。女のコを頼ることに抵抗があったり、そもそも、人に何かを頼むっていう考えがない男性もいるかと思うけど、そういうところは甘えちゃったほうが、上手くいくと思うな。

Q10.

会社に着ていくスーツは、どんなものが好感持たれますか？

素敵

スーツっていいですよね。「スーツマジック」っていうだけあって、きちんとしたスーツを着ていれば3割増しに見えちゃう。

でも、スーツの品質って、値段によって全然違ってくると思うので、社会人だったらある程度のものは着てほしいです。とくに、自分にあまり自信のない男性は、いいスーツを着ることで、自信を持つことができるんじゃないかな。

スーツでも、多少は流行でシルエットが変わると思うんだけど、基本的にはトラッドなものじゃないですか。だからセールを利用して「ちょっと背伸び」なブランドを選ぶと、カッコよさが底上げされていいと思います。

婚活

わたしは逆に「ブランド物じゃないとダメ」とかそういうんじゃなくって、パーフェクトスーツファクトリーとかで十分好感が持てます。

むしろ、イタリア物とかあんまり分不相応なスーツだと引いちゃうかも。結婚を考えたときに、堅実さが見えたほうがいいですね。

文系

スーツの男性でオシャレだなって思うのは、シャツとネクタイの組み合わせですかね。ボタンやその縫い糸が凝ったシャツを着ていると、「オシャレに気を遣ってる人なんだな」って思います。

あとは当たり前だけど、ジャケットにパンツ、シャツがヨレヨレだったり、靴が汚れていたりすると台無しなので、そこは気をつけたほうがいいですね。

キャリア

スーツを着た男性の魅力といえば、やっぱり「ビシッ」として見えること。なので、立ち居振る舞いにも気を遣ってほしいところ。背筋を伸ばして、落ちついた物腰でいると大人な魅力が出ると思います。

日本では2015年に公開された『キングスマン』という映画があります。イギリスを舞台にしたスパイアクション映画で、街の不良少年だった主人公が、『キングスマン』と呼ばれるエリートスパイ集団の一員となり、最後は悪の陰謀から世界を救う、というストーリーです。

その過程で一流のスパイとなるべく訓練されるのですが、イギリス紳士としての嗜みやファッションも学んでいくこととなります。

主人公は、最初はパーカーにオーバーサイズのGパンというカジュアルな格好をしていて、それも決して悪くなかったのですが、**男っぷりでいうと、ラスト近くのスーツを着こなした姿のほうが上であることは一目瞭然**です。

スーツといっても、ただ着ればいいだけではなく、きちんと着こなすコツがあることが、きっと理解できると思います。

ご興味のある方は、ぜひ見てみてはいかがでしょうか。

Q11.

僕の会社はスーツじゃないんですが、職場ではどんな服装をすれば女のコ受けするか教えてください！

キャリア

それは会社のカラーによりますよね。自由な社風だったらTシャツに短パンでもいいだろうし、学校の先生だったらそれなりの服装をしないと生徒たちへの示しがつかない。だから、職場の常識に合った服装……としか言いようがないけど。

ただ、何度も繰り返しになっちゃうけど、何をおいても清潔さは大切ね。

素敵

たしかに、ピシッとしたスーツの男性もカッコイイですが、たとえば、クリエイティブな職種の人がカジュアルな服装をしているのも、自由人っぽくって憧れる部分があります。

ようは、その人が客観的でありさえすれば、そんなおかしなことにはならないと思うんです。その客観性を持つことが、なかなか難しいと思うんですが……。

文系

どうしても個性を出したい場合は、服装よりも小物で出すといいですね。鞄を派手な色にしたり、靴下を可愛い柄にしたり、メガネのフレームに凝ったり。そういうところ、女性って見てるもんなんです。

ファッションで個性を出したいという人は、シャツやジャケットなどで冒険するよりも、小物で挑戦してみましょう。あまり強烈な個性を出すと、間口を狭めてしまう一方で、バランスよく出せば、貴方が「どういうものを好むか」をアピールすることができ、女性が貴方に興味を持つよいとっかかりになり得ます。そこで今回は、とくにオフィスシーンで女性の注目を浴びやすい小物を紹介します。

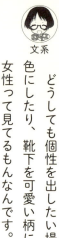

女性の注目を浴びる小物

●メガネは黒縁が王道か

「メガネ男子」というモテ属性があるように、メガネを掛けた男性を好む女性は多くいます。メガネには、男性を知的に、文化的に見せる効果があるので、男性にそういったものを求める女性の好感度アップには、とくに役立ちます。

メガネと一口にいっても、フレームの形、色、そして素材でイメージが変わってきます。**しかし、なんといっても女性の人気を二分するのは、黒縁メガネ、もしくは銀縁のメタルフレームメガネではないでしょうか。**

一般的に黒縁はオシャレなイメージ、メタルフレームはシャープな雰囲気を与えると言われています。とくに黒縁は、誰が掛けても「それなりにオシャレ」に見えるのでオススメです。

メタルフレームは、理系っぽかったり、インテリジェンスの漂う紳士的な男性が好きな女性に人気がありますが、ただ一歩間違えると、途端にオジサンっぽかったりダサい雰囲気になったりする危険性があるので注意が必要です。

メガネに関して女性の意見を聞くと、好意的な意見が返ってくることが多いですが、評判の悪いメガネもないではありません。薄く色がついている（怖く見える）、フレームが凝りすぎている（自意識が強すぎる）、丸メガネ（個性的すぎる）といった意見を聞くことは多くあります。

とはいっても、もちろん、すべての女性が、それらのすべてのメガネを忌避《きひ》するというわけではなく、結論として「似合っていて、違和感がなく、むしろオシャレとして成功している」のならば問題はないので、自信がある人は挑戦してもいいかもしれません。成功すれば人と差をつけることができます。

ちなみにメガネに関しては、「仕草にキュンとくる」という声もよく聞きます。代表的なものでいうと、フレームを上げたり、メガネを外したりする姿にドキンとする女性が多いようなので、あわせて挑戦してみたいものです。

●腕時計はターゲットに合わせて選ぼう

携帯やスマホが普及したせいか、最近はしている人の少ない腕時計ですが、することで「きちんとした雰囲気」を出すことができますし、スーツとは相性のいい小物です。なので、社会人らしさを出したいのでしたら、ぜひ時計はしたほうがいいと思います。

スポーツウオッチはカジュアルな服装には合いますが、基本的にスーツにはミスマッチです。

若くて可愛らしいタイプの男性ならば、スーツを着ているときにしていても、「世間慣れしていない雰囲気がいい」と、好感を持たれることがあるかもしれません。ですが、子どもっぽい雰囲気から「恋愛対象外」とする女性もいるでしょう。

では、オーソドックスな腕時計なら何でもいいのでしょうか。

ノーブランドでも品質のいいものはあると思いますが、たとえば、そこで1000円出せば買えるものは、やはりそれなりのものにしか見えません。

といっても、必ずしも何十万もする時計をしなくてはいけないわけでもないのです。

もちろん、自分へのご褒美《ほうび》や、自分の夢としてボーナスで高い時計を買うのは、決して悪いことではありません。憧れの時計を持つことで、ますます仕事に精を出せるというのならば、前向きで素敵なことです。

ただ、かといって、その時計をひけらかしすぎては、「そこでしか自信を持てない人」という底の浅さが出てしまいます。また、いくら憧れていても、分不相応なものは見栄っ張りにも見えてしまうものです。

それでは、何が正解なのでしょうか。

よく「女性が選ぶ、男性にしてもらいたい時計ベスト5」などといったランキングがありますが、少し疑問があります。

というのも、正直なところ、多くの女性は「男性がしているとカッコイイ時計」というものが、あまり具体的にはわかっていないからです。

イメージで「ロレックスは高い」くらいは知っていても、では、タグホイヤーやオメガ、ブルガリやフランク・ミュラーといった時計が、それぞれいくらくらいなのかは、さほど興味がないところだと思います。

むしろ、「大人の男ならばロレックスがカッコイイ」「フランク・ミュラーをしている男性はオシャレ」といった情報を何かで知って「そんなものか」と思ったり、また、会社の身嗜みに気を遣っている上司や同僚が身に着けているのを見たりして、何気なく「〇〇の腕時計は素敵」と口にしていたりするだけ、ということもあり得るわけです。

なので、実際のところ、女性は男性の時計はよくわからない、と思ってください。

ちなみに男性には、ファッションブランドの時計ではなく、値段と品質がきちっと見合った、時計メーカーの腕時計が断然にウケがいいようです。

というわけで、時計を選ぶ場合は、二通りの選択肢があります。

一つは、等身大のものを身に着けること。

もう一つは、ランクアップして見えることを目的として背伸びした価格帯のものを身に着けることです。

これは、イコール恋人選びと通じます。貴方が等身大の恋愛を目指すならば、等身大の時計を。美人だったりお嬢様だったり、自分にとって少し背伸びした女性とつき合うことを目指すならば、時計も同じく背伸びして選ぶのがいいでしょう。

●ハンカチはたたんで干そう

手を洗った後に、ハンカチがないと困りますよね。幼いころは、母親が綺麗なものを毎日持たせてくれたかもしれませんが、大人になると、そのありがたみが身に染みます。それくらい、毎日新しいハンカチを持ち歩くのは面倒なことだと思います。

というのも、なんといっても問題は、ハンカチの皺《しわ》になりやすさ。アイロンを掛けなくてはシワシワのまま。きちんと洗濯してあって綺麗であっても、なんとなく不潔さやだらしのなさがにじみ出てしまうのが残念です。

なので、アイロンを掛けるのが面倒くさい、苦手という人は洗濯後、干すときにそのままポケットに仕舞えるように、たたんで干しましょう。ハンカチは薄いので、それでも十分に乾きますし、アイロン掛けしたものにはかなわないまでも、みっともないということはありません。**また、よほど目上の人の前で使わなければ、タオルハンカチでも容認されます。**

とはいうもの、今のお手洗いには、ほとんどの場合、手を拭く専用のナプキンが用意されていたり、エアータオルが設置されていたりと、濡れた手を乾かすことに、あんまり困ることはありません。

それなのに、なぜハンカチを持ち歩くことを推奨《すいしょう》するか？

それは、汗を拭うためです。

とくに夏場、汗をかいたときにハンカチは必須です。デオドラントシートと併用して、こざっぱりとした風貌《ふうぼう》を心掛けてください。

●ネクタイはディテール勝負

スーツに欠かせない小物といえば、ネクタイもその一つ。基本的にビジネス用の小物であるので、奇抜なものは少なく、失敗することもそうはありません。どうしても自分のセンスに自信がないという場合は、仕事帰りに「オシャレだな」と思う先輩に、買い物につき合って選んでもらうのもいいでしょう。

さて、基本的なことを説明すると、ネクタイにはざっと5種類あります。無地、ドット（水玉）、チェック、ストライプ、小紋です。ほかにも、クレスト（紋章）やペイズリーといった柄もありますが、まずは基本の五つから選んでいきましょう。

オシャレをしようと思うと、つい派手なもの、目を引くものを選んでしまいがちですが、女性は男性よりも細かなディテールのほうが気になるものです。なので、**さりげなく、でも、じつは凝っているというネクタイを選ぶと、細やかな部分まで心配りのできる人という好印象を持たれる**と思います。

外見をどこまで磨くかは難しい問題です。もちろん、磨けるだけ磨くに越したことはないのですが、外見ばかりにこだわっても、中身がついていかなければ意味がありません。

しかし、一方で外見をまったく気にしていない状態で「理想的な女性に恋をされたい」と願っていても、それもまた、なかなか難しい話です。

もちろん、身なりに一切こだわらずとも、それを正当化できるだけの才能（ある分野で非常に秀でているとか）などがあれば、その才能に惹かれて恋に落ちる女性もいるでしょう。しかし、それはなかなか稀有なケースと言わざるを得ません。

では、どうすればいいのか。とにかく最低限、人を嫌な気分にさせない身繕いをすること。そして、あとは「楽しんでできる」範囲で、オシャレで冒険をしてみたり、アイテムに凝ってみましょう。その際に、傍から見て「感じいい」かどうかだけ考えれば、自然と選ぶべきもの、すべきことがわかってくると思います。

第3章 女のコは盛り上げ上手!【コミュニケーション編】

出会いのチャンスがいくらあっても、それを生かすことができなければ、もったいないですよね。

外見を整えて、恋愛する準備ができたところで、次に女性とのコミュニケーションの仕方を学んでいきましょう。

Q1. 「モテ期」って本当にあるの？

文系

映画やドラマのヒットで知られるようになった「モテ期」、たしかにないわけじゃないとは思うんですよね。あるとき突然、垢抜《あかぬ》けたり、男っぽくなったりして、女のコたちのあいだで「最近、〇〇君ってちょっといいよね」って盛り上がった経験がありますもん。

ただ、まず男性側の何かしらの「変化」がありきで、そこから「女性たちの好感度が増す」っていう結果が「モテ」に繋がるわけだから、何もしないでいて、突然、モテ期が訪れましたっていうわけにはいかないと思います。

ギャル

たしかに、そのとおり。「人生に3回来る」とか言われてるのも嘘。けど、たとえば女に限って言えば、ギャルをやめたりすると、いきなりモテ期が来たりするし（苦笑）、逆に地味な女子がギャルデビューしたりすると、そこでまたモテ期が来ることも。なんで、モテ期っていうのは文系ちゃんが言ったとおり「なんかの変化によって、今まで関わりのなかった異性の目を引いて好感を得る」っていう時期なんだと思う。

キャリア

でも女って、年齢によって恋愛対象に求めるものが違ってきたりもするのよね。一般的にいうと、若いころは見た目のカッコよさだったりとか、華やかな存在感なんかに憧れて、好きになったりすることが多いけど、大人になると、優しさや安心感を重視するようになると思うの。結婚を視野に入れたときには、そこに生活力や経済力、安定なんかを重視する女性も多いし。

だから、たとえ今モテなくても、年を取ることでモテるようになることはあるわよ。

アキバ

あと、時代が味方してくれることってあると思うんです。たとえば、昔はオタク男性とかって非モテの代表だったけど、今は、オタク趣味の女子も増えているから、前よりもずっと理解されやすくなっています。

ちょっと前ですと、草食男子っていう存在がクローズアップされたことで、奥手だったりシャイな男性に注目が集まったこともあります。そういうモテのブームみたいなのが訪れたときに、自分がそのタイプであれば、まさにモテ期が来るっていうことなのではないでしょうか。

Q2.

じゃあ、「モテない男はいない」って考えてもいいのでしょうか？

素敵

そうですね。どんな男性であれ、必要とされる場所はあるとは思います。

ただ、そもそもモテって何なのかっていう話で。「彼女が欲しい」っていう意味で

「モテたい」って言っているなら、それは可能ですよね。けど、たとえば40歳過ぎのオジサンが、かわいい女子高生数人にチヤホヤされたいとかだと、やっぱりハードルが高いです（苦笑）。

婚活

場所によって、モテない人っていうのもいますよね。婚活の現場に限っていうと、やっぱり無職だったり、夢を追いかけすぎたりしているような人は、あんまりモテないと思うんです。反対に、安定した職業の人や、ちょっと嫌な話になりますが、高収入の職業に就いていたりすると、ルックスがあまり冴えない感じでも人気があるんです。

文系

でも、やっぱりモテにくい人っていうのはいると思うんですよね。極端にモテる要素が少ないというか。たとえば、顔のいい人と悪い人だったら、やっぱり顔のいい人のほうがモテるし、いつも楽しそうな人と、不平不満ばっかり言ってる人だったら、断然、楽しそうな人に好感を持つという話で……。

あとよく感じるのは、「いいな」って思う要素は人それぞれだけど、「こういうの嫌だよね」っていう部分は、わりとみんな共通している。かぶっていることが多いんです。

女性同士が集まり、好みのタイプの男性の話になると、まるで違うタイプの男性が好みで、互いに「これなら、同じ人を好きにならなくて済むね」と、安心し合うことがあります。それほどまでに、女性の好みの幅は広いので、どんな男性でもモテる可能性は十分にあるといってもいいでしょう。

ただし、**それが「嫌われるタイプ」となると、かなりの共通点が見えてきます。女性の場合、嫌いなタイプの男性はたいてい一致**しています。たとえば、外見編でご紹介した「不潔」は、その最たるものです。

そこで、まずここでは、「嫌われる男にならない」ためのコミュニケーション方法を考えていきましょう。

絶対に嫌われないコミュニケーション術

●オラオラせずに筋肉を正しく使う

あなたは「男性らしさ」というと何を想像するでしょうか。鍛《きた》えられた筋肉、人よりも強大な腕力、頼りになる力強さ……そんなものを想像するかもしれません。もちろん、筋肉や腕力や力強さに魅力を感じる女性も多くいます。が、その「強さ」の間違ったアピールが「オラオラ」です。

「勇ましい」という特徴は、一見好ましくも思えますが、それは戦って守るべきものがある場合に限られます。自分だけの利益を守るためだったり、人を威嚇《いかく》したりするために腕力を行使すると、途端に「乱暴な人」ということになります。

乱暴は女性が求める「男らしさ」とは違ったものです。とりわけ、その「力」が弱いものに向いた場合は、「嫌われる要素」へと変化してしまうことがあります。具体的に言うと、喧嘩したときに声を荒《あら》らげたり、何かモノに当たったりしている姿を見ると、多くの女性は怯《おび》えるとともに、嫌悪感を抱きます。

力強さをアピールしたいのならば、重いものを持ったりドアを開けたりといった、人の役に立つ筋肉の使い方で勝負してください。

●自慢話を控えて「自分話」を語る

好きな女性に「自分のよさを知ってもらいたい」「自分をアピールしたい」と思うの

は当然のことです。また、反対に「すごい」「素敵ですね」と褒《ほ》めてもらいたい気持ちもよくわかります。

そもそも「自分の話」をしない限りは、その人となりや、物の見方、考え方を知ることはできません。

その「自分の話」をする際に、自分の誇れることや、ちょっとだけ「すごい」と思ってもらえることを語るのは、当然のことといえば当然です。

では、自慢話が嫌われる理由はなんでしょうか？

それは聞いているほうからして、「つまらない話」であることが多いからです。

つまらない話を延々と聞かされるのは、多くの人にとって苦痛です。しかも、それが自慢話の場合は「すごいですね」と褒めなくてはならない。

つまらない話を褒めながら聞かなくてはいけないとなると、想像するだけで辟易《へきえき》しませんか？

まぁ、こういう「自慢屋さん」は、男性に限らず女性にもよくいますが……。

なので、女性には、ぜひ自慢ではない「自分の話」をしてください。あなたの「自分の話」に女性が好感を持ってくれれば、おべっかではない、心からの「すごい」「素敵ですね」という言葉が聞けるはずです。

●お世辞の言葉より会話のきっかけを探す

ついつい嘘をついてしまうことって、誰にでもありますよね。

話のノリでちょっと盛ってしまったり、いいところを見せたくて、つい大きく言ってしまったり……。そういう嘘は、たしかについた人を軽薄に見せることはありますが、しかし、まぁ、許せる嘘です。愉快なほら吹き、といえばイメージがしやすいかもしれません。

ただし、「あの人、口先ばっかり」と言われる可能性もあるので、それには気をつけたほうがいいですが。

とはいえ「嘘も方便」ということわざがあるとおり、すべて正直に言えばいいというわけではありません。

たとえば、女性が「この服、新しく買ったの」と喜んでいたとき、「ちょっと似合っていないな」と思っても、それを正直に言う必要はありません。

かといって、まったく思っていないのに「かわいいね」などと、お世辞まで言わなくても大丈夫です。

もちろん、言いたければ言ってもいいのですが、それよりは「今って、こういう服が流行《はや》ってるんだ？」「服ってどこで買うの？」と、次の会話に続けるきっかけに使いましょう。

●「面倒くささから生じる嘘」をつかない

男性がよくつきがちで、しかし、女性にとっては腹が立つ嘘とはなんでしょうか？

一つには「面倒くさいからつく嘘」です。

多くの男性にとって、女性からの要求というものは、時に面倒くさく感じるものと思います。

とくに女性は、つき合った男性に関して「義務」を負わせて当たり前だと思っていることが多い傾向にあります。

そういう素質を持った女性とつき合った場合、「今週末は会えるよね」というものから、「お店を予約してほしい」「あなたの友だちに会いたい」といった様々な要求をされることと思います。

そういうときに「今週末は寝ていたい」と言えば、口が達者な女性に「わたしと睡眠、どっちが大切なの？」と詰め寄られることでしょう。

お店の予約や友だちの紹介もしかり、相手の要求を飲まなければ、そのことへの反論が100倍になって返ってくるのだから、堪《たま》ったものではないですよね。ならば、適当な理由をでっち上げてスルーするのが無難……と思い、軽い嘘をつくことに至るわけですが、これがバレると、女というものは烈火のごとく怒るもの。

というのも、嫌ならばきちんと話し合えば済むことを、適当な嘘で済まされることに対して、「自分が蔑《ないがし》ろにされた」という思いを持つからです。**男性からすると「だって面倒だから、つい……」が女性は許せない、というわけです。**

もちろん、「女性の要求を100パーセント飲め」と言っているわけではありません。むしろ、恋人としてつき合い続けていく上で、この先ずっと話し合うことをせずに適当な嘘をついて誤魔化していくのか、それとも、面倒くさくてもきちんと対話をし、相手にも自分が「なぜそれをしたくないか」「したくないことと、相手を思う気持ちは関係がないこと」を理解してもらうのか、どちらが根本的に、いい人間関係と言えるのか考えてみましょう、ということです。

●自虐の標準装備をやめよう

自信の持てない男女が増えている昨今、「自虐」を、自分が傷つかないための鎧《よろい》として標準装備している人も増えているように思えます。

他虐的な人よりは、人を傷つけない分、自虐的な人のほうがマシとも言えるかもしれません。しかし、かといって自虐的であることは、決してプラスではありません。

自虐的な人は、時にユーモアにあふれたトークをする点で、すぐれていることが多々あります。自慢話よりも、ダメな失敗話のほうが、人は笑ってくれることが多いでしょうし、「自虐ネタ」として昇華することで、人を喜ばせつつ、コンプレックスを誤魔化す……というのは、自分を生きやすくする一つの手段でもあります。**しかし、多くの場合はコンプレックスが透けて見えて、周囲の人をなんとはなしに気まずい気分にさせたり、苛立たせたりしてしまうことも多々あります。**

たとえば、女性がせっかく「こういうところがいい」と褒めたとしても「何を言ってるんですか、僕なんか……」と返ってきては、せっかくの好意を無下《むげ》にされた気分で、楽しいわけがありません。

なので、あえて自虐的なことを言ったり、また、反射的に自虐的なことを言ったりすることが癖になっている場合は、少しずつ意識して直していきましょう。

卑屈さを克服する

自虐の根本にあるのは「卑屈」です。

「卑屈」な人たちが、なんとかみなに楽しんでもらおうと思って身につけたのが「自虐」という芸です。しかし、そのコミュニケーション方法を身につけられないでいる「卑屈」な男性は、女性にとって「怖い」と思われてしまうことが多々あります。

というのは、卑屈な人というのは、自分が評価されていない世の中に対して怒っていたり、理不尽に感じていたり、悲しんでいたりするので、多くの場合、あまり明るく振る舞うことができません。**たとえ、明るく振る舞っていたとしても、それが表面的なものだということが、周囲には伝わってしまいます。**

といっても「卑屈」を直すのは、そう簡単なことではありません。持って生まれた性格でもあり、長年の経験によって身についた考え方だからです。

よく「心の癖」などとも言われますが、自分で少しずつ考え方を変えていくしかないのです。あとは小さな目標を、達成することを繰り返して、少しずつでも自信を取り戻すことです。

さて、ここまで恋愛しにくい特性をご紹介しましたが、**もしも「これは自分だ……」と思い当たったとしても、そうヘコむことはありません。**これらのコンプレックスを武器に変えて、女性と仲良くなる方法をお教えします。

それは、二人きりのときに、「じつは僕は○○で悩んでいる」と相談をしてみることです。さて、女のコたちがどう反応するか、実際に聞いてみましょう。

婚活

基本的にオラオラしてる人って乱暴な感じがするし、怖いなって思うんですが、そういう人が「じつは怖く見られていることに悩んでいる」って相談してきたら、「あれ、ひょっとしてこの人、しゃべり方や行動が、ちょっとぶっきらぼうだったり、雑なだけで、じつはそうでもない？」って思い直しちゃうかも……。

そもそも、本当に乱暴でないんだったら、それは男らしいってことでもありますよね。だから、「見た目はオラついてみえても、じつはやさしい」とかだと、むしろ歓迎です。

ギャル

ちょっとイキがってるような若い男子だと、ついカッコつけちゃったりもするもんね、わかるわかる。

ちなみに、あたしが思うのは「卑屈男子ってかわいい！」ってこと。街中や居酒屋で大騒ぎして、辺りに迷惑をかけても平気な顔をしている似非《えせ》リア充みたいな男子よりも、自分のコンプレックスの持っていきどころに悩んでいる青年のほうが、なんか頭よさそうでいい。

キャリア

会社でも、自虐的な男性っているのよ。でも、そういう男性って、自分のことだけじゃなくって、人のことや、周りの空気をものすごくよく見てる。ヘコんでたら「どうしたんですか？」って声をかけてきてくれたりとかね。

まぁ、あんまり自虐ばっかり言われるとこっちも困っちゃうけど、「謙虚である」という目で見れば、実力もないのに自信まんまんの男性よりはずっといいと思います。

素敵

自慢話については、自分ではそういうつもりないのに、結果として自慢になっちゃやってることもありますよね。ほら、天才が天才と気がつかずに、厭味《いやみ》なことを言っちゃやってる的な（笑）。

あと、ある意味で無邪気な人だと思うんです。だって「褒めて褒めて」って期待してるわけで。そういう視点で見ると「かわいいな」って思います。

アキバ

「面倒だから嘘をつく」っていうのも、わからないではないんですよね。わたしも異性にはっていうか、同性にもあんまり理解されない趣味を持ってるじゃないですか？（苦笑）で、当然、彼氏なんかができると、「その趣味よりも俺を優先しろ」って話になると思うんです。
けど、それとこれとは別なんですよ！　むしろ、その趣味を含めてのわたしでもあるわけで。でも、それを説明してもどうしても理解してくれない人がいて、そういう場合、嘘をつくことになる。だけど、本当に理解してくれる人と出会えたら、それが一番いいんですが……。

文系

そもそも「コンプレックス」って魅力でもありますよね。だって、食べ物だって、個性があるから美味しいわけで。苦みや辛みが誰かにとっては苦手でも、誰かにとっては好物にもなる。ただ、素材そのままの、ナマでは食べられないわけで、そういう意味では、自分で自分を調理するってことが大切なのかもしれません。

コンプレックスは個性でもあります。「感じよく」を心掛ければ、好感を得るきっかけにさえなることもあります。なので、卑屈にならず、かといって「そのままの俺」に頑なにもなりすぎず、自分と相手が楽しい時間を過ごせる位置を探っていきましょう。

Q3.

じつは女のコと話すとき、目線のやりどころに困るんですが……どこを見て話すのがベスト？

素敵

男性ってよく、女性のことをじっと見つめたりしますよね。で、視線に気がついて、ニコッと笑いかけると、急に逸《そ》らしたりする。見てるのがバレちゃったのが恥ずかしいからかもしれないけど、女性って結構、見られ慣れている部分もあるから、そんなに気にしなくていいですよ。

ただ、急に逸らすよりは、ニコッって笑顔で返してくれたほうが、好感度はアップすると思います。

ギャル

男性でたまーに、露骨に谷間とか脚とかお尻とか見てくる人っている。気がついてないと思ってるかもしれないけど、こっちはばっちり気がついてる（笑）。
男性からしてみると、「出してるから見るんだ」っていうかもしれないけど、ファッションだったり、そういう服が好きだったりってだけ。けど、どんな理由であれ、男性が気になるパーツが出ていることは確かだから、うっかり視線が向いてしまうのは仕方ないけど、女性に気がつかれたら目を逸らしたほうがいいと思う。
で、こっちが気がついてるのに、それでもじーっと胸を見つめてるとかは痴漢行為なんでやめたほうがいい。

キャリア

まぁ、なんにせよ、身体をじろじろと見るのはあんまりよくないわよね。どうしても下心が透けて見えちゃうし、見られているほうも、恥ずかしかったり、嫌な気分になったりするものね。

あと、あんまり印象がよくないのは、頑なに目を見ないこと。照れくさかったり、人の目を見るのが苦手だったりというのもわかるけど、きょろきょろと視線を動かしていると、やっぱり挙動不審な印象を与えちゃうから、頑張って、せめて首元の辺りに視線を落ちつける努力をしたほうがいいかも。

婚活

目をじっと見つめすぎるのも、ちょっと気持ち悪いですよね。「顔に何かついてる？」って落ちつかなくなります。あと「顔をじっと見ると女性はキュンとする」っていう、恋愛マニュアルみたいなのを鵜呑みにしてる感じもする。

エセイケメンっぽい男性に多いんですよ、じっと目を見て話してくる人。よく道端で一人でナンパしてる男性とかにも多い。

そういう人って、なんだか計算ずくって感じがしちゃいますね。その違いを説明するのは難しいんですが、とにかく「目の前の女性をどう口説いてベッドに連れ込むか」って目的しか、頭にない感じが伝わってくるというか。酷《ひど》い人になると、目が合った瞬間に〝キッ〟て、キメ顔みたいなのをする人もいたりする（笑）。

まぁ、でも、「女のコと話すときに目線をどこに置いたらいいのかわからない」っていう人は大丈夫ですよ。もしも勇気を出して、女のコの目を見たとしても、「あっ、本当にわたしのことを見つめたくて見つめてくれたんだな」って思いますから。そういう違いって女は敏感にわかるものなんです。

アキバ

そういうことを考えると、男の人の目線って自信の表れなのかもしれないですね。ナンパで女性を落としたっていう成功経験のある人や、自分がイケてるってわかってるイケメンは、女性の顔をじっと見つめることができるのではないかと。けど、その自意識はちゃんとこっちにも伝わってくるから、婚活さんみたいな女性に、敏感に気がつかれることもあるわけでして。

ほら、オタクでコミュ障っぽい人は、とにかく目線が落ちつかない人が多いじゃないですか。その落ちつきのなさが、女性を敬遠させちゃってることは確かなんで、目は見られないにしても、どこかに視点は固定したほうがいいかもしれないですね。ギャルちゃんたちが言っていたように、胸の谷間は論外だとして、やっぱりキャリアさんが言ってた、首元の辺りが無難かもしれないと思います。

文系

Q4. 女のコと、具体的にどんな話をすればいいのかな？

これはシチュエーションによりますが、たとえば飲み会で隣になった子みたいなイメージだと、まず「その子がどういう子なのか」ってことを尋ねるのが一番じゃないですかね。

といっても、会話って相互コミュニケーションなので、相手の話を聞いたら、自分の話をするっていうふうに、交互に話をしていくと、会話が成立すると思います。具体的にいうと、出身地の話だったり、あとは趣味の話。たとえば「何か習い事をしているか？」とか、「最近、何か気になってることは？」とかでも大丈夫。

普通すぎるかもしれないけど、まずは普通すぎるところから、互いがどんな生き方をしてきて、どんな考え方を持っているかを探っていく。それがコミュニケーションだと思います。

素敵

話をうまく引き出してくれる人っていいですよね。あと、じつは女のコって、ある程度「話を楽しそうに聞く技術」を身につけてるんですよ。だから、全然面白くない話でも、それなりに楽しそうに聞くことはできるんです。でも、それってあくまでも「楽しそう」なだけであって、「楽しい」わけではないんです。

じゃあ、どういうときが楽しいのかっていうと、それはやっぱり、お互いに会話がスイングしてるときですよね。なので、こっちが何か答えたら、それに対して感想をくれる。で、さらに自分の話をして……っていうふうに、会話を発展させていくのがいいと思います。

アキバ

そんな技術を身につけてるのは、素敵ちゃんみたいなキラキラ系女子だけだと思います（苦笑）。わたしはやっぱり、趣味の話が合う人がいいですよ。趣味の話って、いくら話しても、尽きないじゃないですか。話してて一番楽しいですし。

けど、たまに「自分のほうが詳しいぞ」っていうんで、話の腰を次々に折っていく人がいるんです。本人は悪気はなくって、「俺ってすごいだろ」ってアピールのつもりなのかもしれないけど、話してるこっちからすると、全部かぶせられて正直、あんまりいい気持ちはしません。マニアの男性からすると、わたしなんて薄いのかもしれないけど、それでも、言い方はあるのでは。

残念なことに、素敵ちゃんみたいに「話を楽しそうに聞く技術」は持ち合わせてないんで、ちょっと悪い雰囲気になっちゃうことが多いのですが……。

キャリア

「教えてあげたい」っていう男性は多いものね。でも、アキバちゃんの場合は、それなりに自分も知識やこだわりがあるわけであって、そこを全部負かされたら面白くはないわよね。
わたしは仕事の話をされると、けっこう興味を持って聞いちゃう。違う職種の違う職場の話って面白いし、自分が仕事をする上で気づかされることもいっぱいあるし。
けれど、ひたすら愚痴とか、部下が使えないっていう不満とか、そういう話はあんまりいい気分にはならないわね。アキバちゃんのいう「俺ってすごいだろ」じゃないけど、愚痴を聞いていていくと、結局「実力が正当に評価されていないことに対する不満」なわけ。
部下が使えないっていう話も、結局は人をおとしめて自分がいかにすごいかっていうアピールだったりして。

「俺すごい」っていう自信は大切だけど、本当にその人がすごければ、そんなものはアピールしなくてもわかるのよ。

婚活

キャリアさん、ちょっと厳しいですね（苦笑）。
ただ、話の内容はなんであれ、きちんと会話ができる人がいいですよね。会話ができるっていうのは、楽しい話を一方的に披露してくれるっていうことではなくて、こっちの話を聞いた後に、きちんと考えて、自分の考えを伝えてくれる人。
だって、いつか結婚したら、二人で話し合わないといけないことがたくさん出てくるじゃないですか。そこで、話し合いに慣れていない、話し合いが苦手っていう人だと、きっと問題が生じると思うんです。

ギャル

あたしは、会話にそこまで難しいことを考えないけど、何か話したら笑ってくれる人、自分が話すときも笑いながら話してくれるような人がいい。それだと、会話の内容にあんまり意味がなくても、楽しい気分になる。

話題は別になんでもよくって、たとえば、「牛丼だったら吉野家派か松屋派か」とか、もっと簡単に「犬派か猫派か」でもいい。

ただ、自分が犬派で、あたしが猫派だって話になったとしても、別にディベートではないので「猫なんて」と、ただ猫をけなすよりは、猫で酷い目にあった面白いエピソードを話す、みたいなほうが会話は盛り上がる。

あとは、なんといっても恋バナかな。っていっても、実際に昔つき合ってた女のコの悪口なんかはダメ。そうじゃなくって自分がどういう恋をするか、つき合うっていうことは、どういうことだと考えていて、恋人とどう過ごすのが理想だとかってこと。「朝、彼女からLINEが来ると嬉しいよね」とか「できたら20代のうちに結婚したいなって思ってる」とか「じつはちょっと嫉妬深いかも……」とかなんでもいいから、お互いの恋愛観を話し合うと、お互いを男女として意識するキッカケになるし、恋バナは誰にとっても共通の話になるから、絶対に盛り上がる。

あと、さっき昔つき合ったコの悪口はダメって言ったけど、悪口じゃなくって「どういうふうにつき合って、どういうふうに別れた」っていう過去の話としてなら、絶対にダメというわけじゃない。

むしろ、その人がどんな恋愛をしてきたのかを知れるし、ほかの人の知らない秘密を教えてもらった感じがして、やっぱり仲が深まりやすい。

女のコを口説くなら、仕事とか趣味とか好きな食べ物とか動物とかの話は前半だけ、後半は絶対に恋バナで語り合うのがベスト！

素敵

たしかに、そのとおりですね！
これは女のコなら、みんな同じだと思うな。

Q5.

そもそも女のコと話すと緊張して、うまく言葉が出てこないんです……。

アキバ

わかります、わかります！　わたしも男性と話すと緊張して、うまく言葉が出てこないことがあります。それで、あるとき考えたんです。なんで自分はこんなに緊張するのかって。そうしたら、少しわかったことがありました。

ようするに、すごく意識しちゃってるんです。自分に自信がないから「自分なんかが話をしても、つまらないに違いない」とか「空気の読めない話をして、変な人だと思われたらどうしよう」とか、そういう感じで。

だったら無難に、自分からは話をせずに、向こうから何か話題を振ってくれるのが楽だなぁと。けど、それって他力本願だなっていうのもあって悩んでおります。

素敵

「話を楽しそうに聞く技術」の持ち主からいうと、別に他力本願でもいいんです（笑）。ただ、努力してるってことだけは見せてほしいというか。たとえば「すみません、僕、人見知りなんですけど」って最初に言うとか。
あとは、「口下手なんで、あんまりしゃべるのがうまくないんですが……」って前置きして、まず一つだけ女のコに質問をする。その質問は難しいことじゃなくて大丈夫です。たとえば、「映画は好きですか？」とか「本とか読みます？」とか、そういう一般的な質問でいいんです。あとは、こっちが頑張って盛り上げるから、その話を楽しそうに聞いてくれればいい。

で、引っかかったことや、もっと詳しく聞きたいことがあれば、素直に質問をすればいい。相手が好きだったら「もっと知りたい」って思うでしょ？

その感情のまま、素直に行動すればいいと思いますよ。

キャリア

そもそも、女のコ相手でなくとも、仕事の上司や、知らない人全般に過剰に緊張するっていう人もいるわよね。そういうのって癖だから、なかなか直らない。
でも、じつは悩んでいる人もたくさんいて、そういう人向けのセミナーだったり、講習会が開かれていたりもする。だから、本当に悩んでいるのならば、そういうところに参加して、プロにアドバイスをもらってもいいかもしれないわね。そういう、自分への投資は無駄にならないはず。ただし、自己啓発系は、新興宗教と絡んだ、怪しいところもありそうだから、リサーチが必要だけど。

文系

そもそも、自分が緊張するのは、誰に対してなのかを考えてみるといいかも。母親はどうなのか、父親はどうなのか、兄弟姉妹はどうなのか、幼馴染は、同級生は、親しい友人は、あまり親しくない友人は、初めて会った人は、男は、女は……っていうふうに。

そうすると、自分がなんで緊張するのか、その原因が見えてくるかも。

じつは女のコがダメなんじゃなくって、男女問わず、あまり知らない人がダメだったりとか。昔、心ない女のコに「つまらない」って言われたことが原因だったりとか。原因を知ったらすぐに解決できるわけじゃないけど、少しは前進できるはずだと思います。

『会話』はコミュニケーションの基本です。しかし、得意な人はいいですが、苦手な人も多いですよね。「おしゃべりできる人がうらやましい。僕は口下手だから……」と思うかもしれませんが、じつは「おしゃべりができる人」がみな、もとからできていたわけではないんです。

というのも、「この人は社交的だな」という人に聞いてみると、「じつはすごく人見知りなんです」と返ってくることが多くあります。「人見知りで緊張しているけれども、黙りこくっていてはいけない」という焦りと義務感（？）から、頑張って話しまくってしまうということだそうです。

言われてみれば、筆者自身もそのタイプです。知らない人ばかりの飲み会では、やたらめったらと話しますが、昔馴染が集まる飲み会では、あまり発言をしなかったりもします……。**一見、話し好きで社交性があるように思えても、実際は人見知りだということも多々あるわけです。**

ただし、人見知りを悟られたくないからといって、あまり一方的に話しまくると、「それはそれでおかしな人」という印象を与えてしまうこともあります。その原因としては、『話し方』『話す内容』、そして『話すスタンス』にあるのではないでしょうか。

人見知りでも大丈夫な会話術

●早口も魅力の一つになる

まずは『話し方』です。早口でまくし立てるようにしゃべったり、焦りすぎて言葉が何度もつまったりという話し方だと、女性からは「ちょっと落ちつけばいいのに」と思われたり、「勢いがすごすぎて怖い」と恐れられてしまったりすることもあります。

しかし、長年、身についた話し方を直すのは、なかなか難しいもの。**まずは、とにかく間を取ることを意識しましょう。相手の話すペースに合わせて話すと、自然とゆっく**

りになるかもしれません。

話し方を変える自信がないという場合は、『話す内容』に気をつけましょう。

たとえ同じ早口の話し方であっても、話の内容が、何かを悪く言っているのであれば、「攻撃的な話し方」に感じられてしまうかもしれません。ですが、何か好きなことを話すのに、つい勢いよくなってしまう場合は、「この人、本当にそれが好きなのね」という熱意が感じられ、「かわいらしい人」と思われることもあります。

●「好き」というスタンスを崩さない

「かわいらしい人」と思われるためのコツ、はなんといっても『話すスタンス』でしょう。**「好きすぎる、ある対象の話が止まらない」「大好きなものの素晴らしさをわかってもらいたい」というスタンスの話には、微笑ましさが漂います。**

相手に話す隙を与えずに畳み掛けてしまっては、一方通行の演説となってしまうので注意が必要ですが、世の中には、そういう「好きなものの存在が大きすぎて、少し不器用」になってしまっている男性を好む女性もたくさんいます。我を忘れてしまうくらい好きなものがある、ということは素晴らしいことですからね。

●「特別感のある話」の引き出し方

では、『話す内容』はどうすればいいのでしょうか。

話の上手な人というのは、誰に話しても笑ってもらえるエピソードをいくつか持っています。そういったエピソードを用意しておくのは、一つの方法です。

ただし、どこでもいつでもそれを披露していると、つい同じ相手にまた同じ話をしてしまい、「この前もその話、聞いたんだけど……」となることもあります。何度も同じエピソードを同じ相手に語るのは、「特別さを失わせてしまう」という意味で、あまりいい行為ではありません。

なぜならば、「好きな相手に好かれたい、男性として意識されたい」というときに、大切なのは「あなたは特別な存在である」ことを伝えることだからです。

「好きです」とストレートに伝えずとも、気があること、素敵だと思っていること、一緒にいて楽しいということ、そして「あなたのことを特別に思っています」ということを伝えられると、嬉しいものです。そのときに恋人がいなくて、しかも恋人が欲しいと思っているのならば、自然とその候補にあがります。

ところが、ほかの人にも話している話をするという行為には、特別感は一つもありません。では、どうしたら相手に「特別感のある話」ができるのか、具体的にあげていきましょう。

・「○○とか好きそうだよね」と相手の好みを推測する。
・「××とか興味ある？」と、相手の興味のあることを聞く。
・相手の話や行動を受けて「あなたのそういうところがすごくいい」と、どこに好感を持っているのかをはっきりと示す。
・「この話、△△ちゃんに話したいと思っていたんだ」と、特別な相手だからこそ話したいことがある意思を伝える。
・共通点を探り、「気（趣味）が合って嬉しい」ということを伝える。

どうですか？　そんなに難しいことではありませんよね。好きな相手のことを「もっと知りたい」と思っていれば、自然とできるものです。

好きな相手と向き合った際には、「もっと自分のことを知ってもらいたい」という気持ちが先だって、ついつい自分のことばかりを話してしまいがちです。でも、あなたの人となりというものは、会話を交わしているうちに自然と出てくるもの。

「俺って、意外とやさしいって言われるんだよね」という自己申告よりも、自然と「この人やさしいな」と感じさせるほうが、女性の心にはぐっとくるものなのです。

Q6.

共通の話題を探すのに必死になってしまうんですが、考えてもいつも見つかりません。どうしたらいいでしょうか？

素敵

学校や会社、サークルもそうですが、属しているコミュニティーが同じだったり、同じ趣味を持っていたりと共通点があれば、話題には事欠きませんよね。たとえば、共通の知り合いとの面白いエピソードだとか。あと、事件だったり、悩みだったりって、いくらでも話すことってあります。とくに、悩みや相談はいいと思いますよ。
そういうことを話してくれるということで、ちょっと心を許してくれている特別感も出るし。まぁ、あんまり深刻な悩みだと、聞いてるこっちにもプレッシャーになっちゃいますけど（苦笑）。あと、反対に「大変なこととかない？」とか「悩んでることとかあったら教えて」とか、相手に振るのもいいと思います。

文系

わたしはやっぱり、趣味の話で盛り上がりたいですね。最近読んだ本の話だったり映画だったり。本や映画を語ることって、ある意味で「人生を語ること」だから、その人の物の見方や考え方がわかるし。

ただ、難しいのは、「映画」や「本」という1ジャンルであっても、幅広いってことですよね。ハリウッド映画好きと、フランス映画好きとドラマの劇場版の邦画好きとでは、やっぱり映画に求めているものや、響くポイントが違うわけで。けど、1本もかぶってないってことは、さすがにないと思うんですよ。だから、そこはもう、一生懸命、共通点を探っていくしかないですよね。

あとは、相手のオススメを聞き出して、家でそれを読んだり見たりすると、次に会ったときには共通点が生まれてますよね。ようするに共通点を作っちゃうってことです。自分が勧めたものに挑戦してくれたんだって、単純に嬉しく思うものですし。

アキバ

まず「最近、自分がハマってること」とかを語ってくれたら、そこからいくらでも広げていくことができるのではないでしょうか。ファッションでも、今季のアニメやドラマでも、料理でも、スポーツでも、なんでもいいから、とにかく最近、気になっていることや好きなことを言ってくれればいいんです。

そもそも、必ずしも「共通の話題」があるとは限らないと思うんですよ。むしろ、まったくかぶらない可能性もあります。だって、同じオタクの趣味を持ってるとして、片方が少女漫画好きで、もう片方がラノベしか読まないっていうんだったら、共通の話題はないってことになります。

でも、違うんです。じゃあ「アキバとか行くの？」とか、そういうふうに話を広げるっていう手がある。それで、相手が「行く」と答えたら、「アキバでランチするならどこ？」とか「最近できた面白いお店があるよ」とか、そういうふうに盛り上がる話題を見つけていけばいいのではないかと。

ギャル

あと、誰もが小学校時代とか中学校時代とかを経て、今があるわけじゃないですか。当時の流行していたことの話とかもあると思う。「テレビゲームのハードは何を持っていた」とか、『週刊少年ジャンプ』を読んでいたか？」とか。そういう小さいころの話とかをしてくれると、人となりが知れて親近感が増す。

ただ、それもバランスが必要で、いきなり小さいころからの年表を話されても困る。そこは会話のキャッチボール。たとえば「あたしは『りぼん』を読んでた」と言われて、さっぱりわからない場合でも、「その中でどういう漫画が好きだったの？」というふうに聞いてあげないと、会話がすぐに収束しちゃう。

Q7.

女性と話していて「え、何その趣味？ 話がわからない、合わない……」ってことがありがちで困っています。

キャリア

そもそも、「わからない、合わない」っていうのを負い目に思う必要もないと思う。
でも「わからない、合わない」からつまらない、興味ないことを態度に出すのは絶対にダメね。

女だって、よっぽどじゃない限り、男性にコスメや今年の流行のファッションの話はしないわけで。

そもそも、会話をする上で気をつけないといけないのは、どちらかに過剰に気をつかわせることだと思うのよ。具体的にいうと、いくら話題を振っても乗ってきてくれない状態のことね。あまりにも好奇心がない人って、どんな話をしても乗ってこないから、過剰に相手の気をつかわせちゃう。

反対に会話が上手く続けられる人は、好奇心があって、相手がどんな話をしても、どこかに自分が興味を持った場所を見つけて、どんどん相手に尋ねることのできる人。なので、「え？　何その趣味」と思ったら、いっそ聞いちゃえばいいと思う。「何その趣味？」って。

ただし、茶化したり嫌そうな口調をしたりはもちろんダメよ。普通に「わからない」から「知りたい」というスタンスだったら、女のコのほうから詳しく説明をしてくれるはず。その説明に、ひょっとして「興味がない、つまらない」って思うかもしれないけど、そう考えている限り、恋愛にはなかなかたどり着きにくくなっちゃう。とにかく「相手に興味を持つ」というのが、人と恋愛をするときの心構えなんじゃないかな。

素敵

そう、「知らないから教えて」が言えない男性って、意外と多いんですよね。別に恥ずかしくないのに、なんでか「人に聞くのは恥」みたいな。

けど、男性しか知らないことがたくさんあるのと同じで、女性しか知らないことっていっぱいあるし、別に全然恥ずかしくないと思うんです。むしろ、絶対に知らないであろうことを頷いていたりすると、「すごく女性経験が豊富なのかな」とか「じつは彼女がいたりして」とか、もしくは「知ったかぶってる？」って思ったりしちゃう。

とくに女性が多数いる中で、男性一人の場合は、みんながよくわからない話題で盛り上がっていて、疎外感を覚えるかもしれない。けど、そういうときこそ、じつは自分をアピールするチャンスだと思うんです。

そもそも女性は、ちゃんと会話ができる男性に好感を持つんです。「女だから」ってバカにしたり「またくだらないこと話してる」とか思わずに、きちんとコミュニケーションを取る努力をしてくれる人のこと。

たとえば、男性が最も興味ないであろう、ネイルの話に花が咲いていたら、男性の立場から「どれくらいの頻度で変えるんですか？」って疑問をぶつけたり、「女の人って大変ですね」ってその努力をいたわったり、「その柄、かわいくてオシャレですね」って褒めたり。

「わからないから」と黙っていないで、自分が思ったことを素直に言ってくれたらいいと思うんです。たとえ興味のない話題であっても、一人で「つまんないな」って黙ってるよりも、話の輪に入ったほうが楽しいんじゃないですかね。

Q8.
じゃあ反対に、自分の趣味やこだわりを語っていいの？

ギャル

もちろんいい。服であれ車であれ趣味であれ、好きなことやこだわりを語ってくれるのは、全然かまわない。ただし、同じ話を何回もループされるのは、ちょっと面倒くさいけど（苦笑）。
「こだわり」って、その人のスタイル。だから、持っていると「カッコイイなぁ」と思うこともあるし、勉強になったりもする。

ただ、そのこだわりや趣味なんかを話すときに、こっちに向かって「そんなことも知らないの？」っていう態度はよくないかなって思うけど。

文系

「そのこだわり、無意味だなぁ」って思うことも、正直ありますけどね。でも、こっちが何か話を振っても押し黙っているよりは、語ってくれたほうがいいですよ。前に突然「海老が好きで好きで」って語り始めた人がいたけど、そんな話でも、全然オッケーだと思うんです。「じゃあ、海老の中でどういう海老が好きなの？」って話も展開できるし（笑）。

アキバ

海老（笑）。ただ、こだわりであっても、人を嫌な気分にさせるものは語る必要がないです。前に「俺は風呂が嫌いであまり入らない主義なんだよね」って人がいて、本当にちょっとくさかったりもしたから、「入ればいいのに」って思いましたもん。こだわりなのかもしれないけど、なんでそれをわざわざ語るのですかという。

そういうのが面白いと思っているのか、もしくはそれこそ「ありのままの俺」を認めてほしいと思っているのかはわからないですが、そういう汚い系のこだわりは、やめて

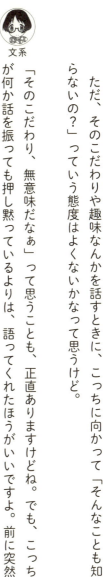

おいたほうがいいんじゃないんですかね。

「楽しい会話」というものは、二人のあいだに自然と生まれてくるものです。対して、「楽しくない会話」というのは、どちらか一方が生んでしまうことが多い。

では、女性が楽しくない会話とは何かをピックアップしてみたいと思います。

女のコにNGな話題&話し方

●ほかの女のコの話はしない

基本的に、ほかの女性を褒める会話はしないほうが無難です。**男性と女性とは、「いい／悪い」を感じる部分は違うので、男性から見て、いくら「素敵だな」と思っても、女性からすれば、「わからない……」ということは多々あります。**

男性が女性を判断する際には、外見というフィルターがかかるので、女性よりも点数が甘くなったり、反対に辛くなったりと、相応に判断できないこともあります。反対に、女性が女性を判断する際には、嫉妬や負けたくないというライバル心がかき立てられ、客観的に見ることができない場合もあります。女性にとって、別の女性の話をされるのは「面白くない」ことが多いので、あえて話すことはないのです。

●自慢話と武勇伝は相手を見て

褒められることが好きな男性が、とくに話題に選びがちなのが、この二つの話題です。あまり延々と語られると鬱陶《うっとう》しいものですが、実のある武勇伝や自慢話ならば、嫌がられない場合もあります。また、実がないとしても「そんなこと自慢してかわいいな」と思ってもらえる場合もあります。

とくに、年上の頼りになる男性を好む女性や、「男性が上位」とされているヤンキー社会に属す女性は、その傾向が強い。反対に、男性と対等につき合いたい女性であればあるほど、この話題は嫌がられる可能性があります。

●愚痴の正しい使い方

愚痴についても、絶対に話してはいけないというわけではありません。というのも、悩みや困っていることについて話してくれるというのは、「胸の内を開いている」ということでもあり、一歩踏み込んで親しくなるための、とても有効なツールです。

ただし、注意しないといけないのは、相手の女性が愚痴を聞いて慰めてくれたり、何かしらのアドバイスをくれたりした場合の反応です。慰めてくれているのに、いつまでもグチグチと「だけど……」とネガティブすぎる態度だと、「いい加減にしてほしい」と相手を飽き飽きした気分にさせてしまいます。また、アドバイスが的外れであっても、相手はよかれと思って言ってくれているので、一応の感謝は示しましょう。

●会話はディベートにあらず

会話は互いの意見を交わすもの。片方が主張ばかりで、つねに相手を言い負かしていては、楽しい会話になりません。相手より自分のほうが物事に詳しくても、相手の話をきちんと聞きましょう。また、それを上からつぶすような反応は嫌われてしまいます。

●なぜ母親の話は敬遠されがちなのか

家族の話は、あなたのことを知ってもらうのに、悪い話題ではありません。どういう家庭で育ったのか、どのような両親のもとに生まれたのかを語ることで、あなたのルーツを知ってもらい、安心感を与えることができるからです。

ただし、母親の話に関しては、少し注意が必要です。というのも、あなたにとって母親はかけがえのない大切な存在かもしれませんが、それを殊更《ことさら》にアピールすると、「マザコン」ではないかと思わせてしまうことがあるからです。

たしかに、あなたのことを愛し、世話をしてくれる母親の存在は素晴らしく、また、母親に感謝をしている気持ちを誰かに伝えるのは、気持ちがいいことかもしれません。多少ならば「母親の愛情を受けてきちんと育てられた人」というイメージを持たれるでしょう。**ただ、それが少々オーバーであると、「母親を基準にした愛情を女性に求める人」と思われて、敬遠されてしまうこともあるのです。**

● 真面目な話をギャグで返さない

おどけて楽しませてくれる男性がいると、場が和むことにもなりますし、明るくて楽しい人だと思われることもあります。

一方で、真面目な話をしているのにギャグで返されると、女性はバカにされたような気分になることもあります。また、ギャグの連発で少しも実のある話ができないと、なかなか一歩近づいた仲にはなれません。なので、ギャグは時と場合に応じてにしたほうがいいでしょう。

● わざわざシモる必要はない

「シモネタもまったく大丈夫」という女性もいますが、それでも風俗の話や、過去の女性としたセックスを克明に話すのは、あまり得策ではありません。

男性には性欲があり、時として愛情とは別個となる場合があることを知っている女性もいますが、すべてがそういうわけではなく、いまだ「風俗に行くなんて軽蔑する」と考える女性もいるのです。

もちろん、風俗に行くことは、汚いわけではありません。ですが、**「愛がなくてもセックスをする人」ということを、好意を持っている女性にわざわざ伝える必要はない、**ということを頭に置いておきましょう。

また、過去に経験したセックスをベラベラと他人に話していると、「わたしとのセックスも人に話すのでは？」という危惧《きぐ》を女性に与えてしまいます。セックス中にどう振る舞ったかというプライベートなことを人に知られたくない女性は多いので、「ベラベラとしゃべる人」というイメージを与えないためにも、語らないほうが得策です。

婚活

Q9. 「その話題を替えてほしい」っていうときに、女性が出すシグナルみたいなものってありますか？

うーん、婚活の場とかで「ちょっとその話はしたくないなぁ」っていうのを出された場合には、やっぱりさりげなく話を替えますね。

けど、話に夢中の人って、話を逸らしても、何度も同じ話題に戻ってきちゃったりして。そうなると「わたしと会話したい」んじゃなくて、ただ「自分の話を誰かに聞いてほしいだけなんだな」って思っちゃいますね。

だから女性がわかりやすく「そういえば……」ってはっきりと話を替えた場合は、話題変換希望のシグナルだと思って、気をつけたほうがいいと思います。

素敵

気がついたら女性が相槌《あいづち》しか打ってない、という状況もまずいと思いますね。せめて、途中途中で、合いの手を入れるくらいの隙は残してあげないと、話を変える隙もないじゃないですか。

あと、話のキリのいいところで、女性がお手洗いに立ったら、ちょうど話題の替えどころかもしれませんね。

さて、女のコとどうやって、何を話せばいいのか、わかったでしょうか。女のコは別の生き物のようでいて、あなたと同じ人間です。きちんと「理解したい」そして「理解してもらいたい」と思ってコミュニケーションを取ると、向こうも同じように返してくれるはずです。

この章を参考に、彼女をデートに誘いだすことができたら、第1関門はクリア。向こうもあなたに、多少なりとも興味がある、二人きりで話をしてみたい、と望んでいるということです。

もしかして「デートなんてどうしよう……」と、プレッシャーに感じるかもしれませんね。その不安を次の章で解決していきましょう。

第4章 特別な関係になるための、最初の一歩【デート編】

女性と親しくなるために、最も有効な手段の一つが『デート』です。「デートに誘われる」ことは、女性からすると、「あなたに興味がある。恋人候補にすることも見据えて、もっと知りたい」と言われているのとほぼ同じことです。ゆえに、デートに誘われると、「自分が試される」と思うと同時に、「相手を試す」機会としても捉えます……。

こういうと、まるで、互いを評価し合うような、殺伐としたイメージが漂ってしまいますが、そんなに怖がらなくても大丈夫です。

いちいち、重箱の隅をほじるように「これはOK」「これはNG」と判断するわけではなく、「一緒に楽しい時間が過ごせること」が第1目的です。**楽しい時間さえ一緒に過ごすことができたのならば、そのデートは成功となるわけです。**

単なる友だち関係から一歩進みたい場合、はたまた合コンで出会った女のコともう一度会いたい場合、どちらにしてもデートに誘うことが一番有効です。今まで友だちだと思っていた相手からデートに誘われると、急に異性として意識するようになりますし、よく知らない相手であっても、その人となりを知るいい機会だと思います。

だからこそ、デートは男性の腕の見せどころとなります。

もちろん、デートは基本的には二人で作り上げるものです。しかし、できれば男性がエスコートしたほうが上手くいきます。彼女の「××に行きたい」「○○がしたい」というリクエストは、できるだけ叶えてあげたほうが、印象がアップすることは間違いありませんが、それでも『××までの行き方チェック』や、『○○をするための下準備』は、しておくに越したことはありません。

といっても、難しいことを考える必要もありません。レジャー施設や雰囲気のいいレストランなど、世の中にはデートを盛り上げるための施設はたくさんありますし、無理してオリジナリティーあふれる唯一無二のデートコースを設定しなくてはならない、というわけではないからです。

ただし、男性と女性とでは、「楽しい」と思うことや「嫌だな」と思うことのツボが違う場合が多々あります。たとえば、目的地までどうやって行くか、食事は何を食べるか、ちょっとできた暇はどうやってつぶすかなどです。

女性が何を喜ぶのか、何を嫌がるのかわからない場合は、男友だちといるときのような、もしくは一人でいるときとまったく同じ行動を取ってしまいがちですが、相手が女性ゆえ、それが失敗を招くこともありえます。

というわけで、この第4章ではデートについて学んでいきましょう。

Q1. 「好きな人とならどこでも楽しい」は本当？

婚活

「好きな人とだったら、どこに行っても、何をしても楽しい！」……って言いたいところなんですが、じつは必ずしもそうとも言えません。

男性だって、好きな女のコとならどこでも楽しいわけじゃないですよね？　普段は行かない大人っぽいバーに連れていかれたら「居心地が悪い」と思うかもしれないし、まったく興味のないジャニーズのライブに連れていかれても、きっと困っちゃうと思うんです。それと同じで女のコの場合、オジサンばっかりの居酒屋に「居心地が悪い」と思うとか、メイドカフェに連れていかれても困っちゃうことはあります。

キャリア

そうね。「自分の好きなものを一緒に体験をしたい」「自分の好きなものを知って、相手に好きになってほしい」という気持ちはわかるけど、そもそもまったく興味の持てないものは厳しいわよね。けれど、「今まで興味を持ったことはなかったけど、してみたい」ことはあるわけで、そういうところに誘ってくれるとポイントがアップするっていうのはあるわ。

それこそ、オジサンばっかりの居酒屋であっても、料理がおいしい名店もある。そこに、普段はオシャレなお店ばかりでご飯を食べている子を連れていったら、新鮮だし、想像以上においしいって喜んでくれるかもしれない。

メイドカフェだって、わたしは一度くらいなら見てみたいかな。ただ、あくまでも社会科見学って感じで、同じ熱量で盛り上がれって言われたら無理だけど（笑）。

素敵

「好きな人と一緒だったら、どこでも楽しい」が行きつくと、結局、家でまったりってなっちゃうじゃないですか。もちろん、まったりも悪くないけど、それって外部からの刺激がゼロってことで、お互いのためにもならないと思うんです。

まだ若いうちは外に出て、映画を見たり、美術館に行ったり、スポーツを観戦したりして、一緒に経験を重ねていきたいっていうのがあります。

だから「どこでも楽しい」にあぐらをかかずに、「一緒に楽しめるところ」を模索してほしいと思います。

アキバ

たとえばなんですけど、パチンコってものが世の中にはありますが、普通は女のコってあんまり行かないですよね？

つき合わされても、楽しくないし、もしも「楽しい」って思って目覚めちゃったら、それはそれで、この先が面倒くさそうですし（苦笑）。

でも、最近はアニメの台とかも多くって、当たるとそのアニメのオリジナルに作られた映像が流れたりするらしいんです。

正直、わたしも、観てみたい台があるんですが、けど、女一人だけでパチンコ屋には入れないし、どうしたら当たるのかもわからない。だから、「じゃあ、パチンコ屋に行ってみようか」っていうデートは嬉しいです。

けど、パチンコが大好きだっていうんで、せっかくの休みなのに朝からパチンコにつき合わされるのは、興味もないし、退屈。この違いがキモだと思います。

ようは、「自分が楽しい」よりも、つねに「相手を楽しませているか」を考えるってことです。

Q2.

じゃあ、初デートはどこへ行けばいいですか？

これはもう人それぞれ、としか言いようがないわよね。

ただ、忘れないでほしいのは、初デートっていうのは、『特別なもの』だっていうこと。１回目で「ちょっと違ったかも」ってなったら、２回目はまずないと考えていい。

だから、それになりに気合いを入れたほうがいいと思うの。女のコのほうも、服装やら肌の手入れやらで、それなりに気を遣ってくるはずだし、やっぱりそれに応えられるような行き先を選ぶのが礼儀じゃないかしら。

あと、前もって「〇〇に行こう」っていうのは決めて、伝えておいてほしいわね。遊園地なんかだと長い時間、歩くデートになるから、高いヒールだとちょっとつらいし。行き先によって、服装をカジュアルにするか、ややかしこまった感のものを選ぶかの問題もあるし。

食事がメインのデートでも、お店を知らせておいてくれると助かるわ。だって、高層ビルの上のレストランに行くのと、チェーンの居酒屋に行くのとじゃ、服装が変わってくるじゃない。

文系

行き先は、一方的に決めるんじゃなくって、「ここはどう?」っていう感じである程度、事前に打ち合わせがしたいですよね。たとえば、スイーツバイキングに誘う場合は「甘いものって好き?」とか、猫カフェに誘う場合は「猫とか好き?」っていうふうに聞いてほしいです。甘いものが苦手な女のコだっているし、猫アレルギーなのに、いきなり猫カフェに連れていかれても困ってしまうので。

ギャル

「飲みに行こう」っていうのが正直なところ、一番誘いやすい言い方だと思う。女側からしても、あんまりよく知らない男の人と長時間一緒に過ごすのは、ちょっと疲れちゃうこともあるから、最初は『飲み』くらいだと気が楽なことは確か。

やっぱり、昼間から動物園や遊園地なんかに行くのは、ある程度ハードルが上がるというか、何度かデートをして、「つき合うか、つき合わないか」で悩んでいるくらいま

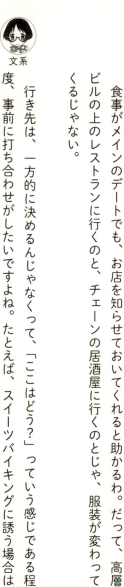

でいかないと、なかなか踏み切れない。それに比べて「飲み」なら夕方に集合して終電までってことで、気軽に誘いに乗れる。

婚活

でも飲みって、なんか「口説きます」って雰囲気がありすぎるというか。変な話、「口説いて、即ホテル」って、下心があるのかなと思えちゃうところもあるんです。
だから、信頼されたい相手の場合は、昼間から、ちゃんとデートに誘ったほうが、誠意が見せられるかもしれません。相手がお酒を飲めなかったり、あまり好きではないこともあるわけですし。

アキバ

デートのいいところって、「シチュエーションで楽しさを盛れる」ことにあると思うんです。だって遊園地やイベント施設は、「人を楽しませる」ことに特化して作られているわけで、デートを盛り上げるためにそれを利用したらいいんですよ。
だから、デートの行き先がわからないときは、都市情報雑誌を買ってくる。で、その時期のオススメの場所に行けば、それなりには楽しめるはずです。まぁ、そういう場所は混んでいるのが玉に瑕《きず》でもありますが……。

『デート』の命運を握っていると言ってもいいのが「どこに行って、何をするか」。そこで、代表的なデートスポットのいいところと、行くときに気をつけるべきところをあげてみましょう。女性を誘う参考にしてみてください。

代表的なデートスポットの正しい使い方

●遊園地はデメリットも多い

童心に戻って愉しむことができる、代表的なデートスポットの一つです。ただし、屋外であることがほとんどのために、真冬や真夏は少し注意が必要です。また、行列は避けられないので、イライラしないように注意しましょう。

●動物園の意外な落とし穴

動物好きな女性を誘うと喜ばれます。反対に動物が苦手という女性もいるので、留意が必要です。**また、せっかく動物園に来たというのに、どの動物も寝ているというハプ**

ニングに見舞われることもあります。ですが、そこで必要以上に落ち込むと気まずい雰囲気になりますので、ご注意を。

●水族館の思わぬ天敵

天候に左右されない分、動物園や遊園地よりも使い勝手のいいデートスポットです。館内が薄暗いためにムードがあることも、いい方向に作用します。**ただし、遊園地にも動物園にも言えることですが、子どもが多くてデートの邪魔に感じることも。**

●映画館はチョイス重視

映画デートの場合は「何を観るか」が一番のポイントです。とくにホラーなどは生理的に受けつけない女性も多く、また、特撮やアニメ、カンフー映画なども、好みが分かれるところ。ただし、映画を観た後に、感想を言い合って盛り上がれるメリットも。

●美術館は好みが明瞭

知的な印象を与えられるデートスポットですが、相手がまったく興味がない場合は、退屈させてしまうことがあるので、人を選びます。反対に、もしも彼女のほうに興味があるということでつき合う場合は、無理をして「わかっているふり」などはせず、素直に感想を述べたり、彼女に尋ねたりするほうが好印象です。

●フェスにはゆとりを持って

音楽やフードなど、近ごろは様々なフェスが開催されています。ですが、人気が集中しているため、行列と人混みは避けることができません。あまりガツガツせずに、のんびりとした気分で楽しむように心掛けるのがコツです。

●ショッピングでの注意点二つ

ショッピングのときに気をつけることは、彼女が優柔不断だとしてもイライラしないこと、そして、彼女が買おうとしているものに、「高い」とケチをつけないことです。

もちろん「買ってほしい」とおねだりされた場合に断るとか、もしくは「もう少し安いもので」と言うことは問題がありません。ですが、彼女が自分の財布からお金を出して買う場合に、値段について意見するのは、楽しい気持ちに水を差すだけです。

●レストラン選びで重要な4ポイント

デートする上で、欠かせないのが食事です。**通常、店選びをするとき、気にするのは「おいしいか」「リーズナブルか」の二つだと思いますが、デートの場合、そこに「雰囲気がいいか」と「会話を楽しめるか」をつけ加えてください。**

男性と違い、食事をする際に、その店の雰囲気を気にする女性は非常に多くいます。ただお腹をいっぱいにするのが目的ではなく、「特別な雰囲気の中、会話を楽しみながらゆっくりと食事をする」というのが、女性が食事デートに求めるものです。

ゆえに、すぐに食べ終わってしまう定食ものや丼ものよりも、シェアできたり、コースで出てきたりというふうに、複数の料理が楽しめる食事が好まれます。

●展望台やタワーで非日常を演出

デートを成功させる秘訣《ひけつ》の一つに「非日常を演出する」ということがあります。高層ビルの展望台やタワーは、それにもってこいのスポットです。

ただし、行列に並ばなくてはならない、高いところに登るだけなのにチケットが高い、といったデメリットもあります。

しかし、サンセットや夜景など、それを補ってもあまりあるロマンチックな特別感があるので、うまく利用したいもの。高層ビルの上階にあるレストランやカフェを利用するのも手です。

●公園デートでは工夫が必要

春や秋など、外で過ごすのが心地いいシーズンには、楽しめるデートスポットです。お金があまりかからないのも、学生やあまりお財布の余裕がない人には嬉しいですね。**ただし、初デートの場合は、あまりに刺激がなさすぎて、盛り上がりに欠ける点が少し心配です。**バドミントンやフリスビーなどの遊具を用意したり、事前にデパ地下で惣菜やワインなどを買うといったピクニック気分を盛り上げる工夫が必要です。

●複合商業ビルではカフェを味方に

六本木ヒルズやミッドタウンなど、流行のテナントがたくさん入った商業施設をぶらぶらする場合、注意が必要なのは「疲れた」と感じる前にカフェなどに入ることです。

というのも、基本的に女性のほうが体力は劣っている場合が多いので、あなたが「疲れた」と思ったときには、女性はもう疲れ切っていることが多いからです。

反対に「もう少し歩ける」と思っても、女性側から「お茶でも飲まない？」と誘われた場合は、受け入れてあげると、「やさしい人」だと思ってもらえることでしょう。

●ラブホテルは初回の選択肢に入れない

親しくなってからは「1日ラブホテルでまったり」というのもありですが、初回のデートではNGです。いきなりラブホに誘うと、かなりの確率で「身体が目当てなのかしら」と思われてしまうことになります。

●ドライブは移動中がキモ

行き先にもよりますが、女性が車に酔う体質でもない限り、そう嫌がられることはないと思います。海や高原の花畑といった、普段なかなか遠くて行きにくいところに連れていってあげると喜ばれるでしょう。移動中の車内も『デート』であることを意識して、渋滞にハマってもイライラしたりはせずに、楽しい会話を心がけたいものです。

Q3.

ほかに誘い方で気をつけることってあります？

ギャル

テンションがさがるのは、「ここに行きたい」「〇〇が食べたい」ってリクエストしたときに、全部却下してくる人。「じつは××に行こうと考えてたんだけど、ダメかな」とか、そういうふうに代わりの案を出してくれればまだいいけど、「それはやめておこう」とか「〇〇はちょっと……ほかにない？」とか、却下だけして、またこっちにプランを求めるのはやめてほしい。

文系

そもそも日程を合わせる時点で、「いつがいい？」と聞いて「その日はダメ」ばかりだと「面倒くさいから、もういいや」ってなりますよね。ぱきっと空いてるスケジュールを出してほしいし、基本的に一度決めたら、日程は動かさないでほしい。

仕事なら、まぁ仕方ないですけど、プライベートな用事だと、「ああ、わたしは後回しにされたのね」って思っちゃう。

食事デートに誘われたときに、「店は当日に適当でいいよね」もちょっと嫌よね。適当に入って、リーズナブルでおいしいお店が見つけられるなんて、よっぽどの上級者しか無理な話。

それに、こっちを楽しませようっていう気がないんだなぁって思っちゃう。飲食店の予約をするのって、そんなに難しいことでもないと思うから、とくに夕食デートの場合は、予約しておくに越したことはないと思うの。

キャリア

Q4.

お店の予約といっても、そもそもどんなところで食事したらいいのか、よくわからないんですが……。

素敵

デパートの上とか、複合商業ビルの中とか、そういうところに入っているレストランは、とにかく無難ですよね。

そこそこの値段はするけど、そこそこのクオリティーで、そこそこの雰囲気がある。古くて汚かったり、食べれないほどまずかったりは、まずないと思って大丈夫だと思います。

文系

たしかに無難だけど、そういうところのお店はちょっと面白味には欠けるような気もしますけどね。わたしが連れていってもらえると嬉しいのは、街中にある各国料理の専門店。

たとえば、イタリアンバルとか韓国料理のお店とか、あとはインドカレーとか……。お店の人気にもよるけれど、そういうお店だと予約が必要なくって、そのときの気分で選べるし。

あと、食べたことがないメニューに、一緒に挑戦すると、盛り上がって楽しかったりもしますよね。

ギャル

あたし、じつはこう見えて辛いものが無理だから、タイ料理とか韓国料理はちょっと厳しいかも。

けど、たしかに文系ちゃんの言うとおり、何か食べるだけじゃなくって、一緒に挑戦するのは楽しい。たとえば、お好み焼きとか焼肉だって、挑戦とまではいかなくても、一緒にワイワイ焼くことで盛り上がる。

キャリア

各国料理っていうのは一つの手ね。でも、オトナのデートにしては、どうしても騒がしい雰囲気で、ちょっと色気には欠けるかも。
やっぱりオイスターバーだったり、あとはダイニングバー的な薄暗い店のほうが、ムードはぐっと盛り上がると思うわ。とくに30歳を越えた女は、自分が綺麗に見える照明の暗い店が好きなんです（笑）。

婚活

世界の料理もいいけど、日本各地の料理もおいしいと思うんです。沖縄とか宮崎とか、北海道とか……。
とくに自分の出身地のご当地料理のお店で、小さいころの話なんかを聞かせてくれたら、ぐっと距離が縮まるんじゃないかなって思います。

Q5.

ディナーの話はよくわかりました。ランチはどうでしょうか？

ギャル

正直、牛丼や立ち食い蕎麦は、ちょっとがっかりする。普通すぎるというか、女友だちとよく行くし。映画の時間が迫ってるとかで、時間がないときは仕方がないし、つき合いが長くなれば全然いいけど、最初のデートではさすがにない。

マックとかも基本的には、「学生じゃないんだから、ちょっとね」って思うけど、月見バーガーとか、そういう期間限定のが出てるときだったら、「もう食べた？」とかいうノリはありかもしれない。

婚活

わたしは、ファストフードはないかなって思いますね。あとはラーメン屋とかも、ランチといっても、デートには向いていない気がします。ファミレスや居酒屋のランチもトキメキがないですね。老舗の洋食屋や、綺麗な店構えの上品なお蕎麦屋さんなんかをセレクトしてくれると、「オトナで余裕があるな」ってカッコよく見えちゃいます。

アキバ

わたしは別に、ランチだったらどこでもいいですけどね。むしろ、あんまり気をつかわれるよりは、普段、女友だちと一緒に入るような店のほうがいいです。ファミレスとかファストフードも安心感があって、いいなって思います。そもそもお昼にそんなにがっつり食べる習慣もないですし。

文系

ラーメンはラーメンでも、有名店系だったら、むしろ行きたいなって思います。一人だと入りにくいのもあるから。

このご飯の「あるなし」のラインって、人によって様々だと思うんです。だから、「お腹空いてる？　がっつり系とさっぱり系どっちがいい？」とか、まず聞いてみたらいいと思います。で、がっつり系って言われたら「とんかつ、ラーメン、ハンバーグ、カレー、パスタ……」というふうに思いつくままにあげていくと、女のコも答えやすい。「あんまり空いてない」とか「さっぱり系がいいな」と言われたら、「お蕎麦、和食の定食、お寿司、あとはカフェでパンみたいなもの？」っていうふうに、こちらもいくつか選択肢をあげたらいいんじゃないですかね。

キャリア

ランチだからこそ、普段はなかなかハードルの高い店に行ってみるっていうのもありよね。とくに予定なく街歩きがメインのデートの場合、どうしても〝トキメキ〟や〝ワクワク感〟を出すのが難しくなるでしょ。そこをランチで補充するっていう。

休日の昼に飲むお酒って、贅沢《ぜいたく》だなって思うもの。だから、ゆっくりとおいしいランチをとりながら、軽く飲むっていうのも素敵なランチデートだなって思うわ。

Q6.

で、夜なり昼なり、一緒に食べるとして、初めてのデートで、ぶっちゃけ割り勘はOKなんですか？

素敵

初めてのデートですよね。だったらやっぱり、そこは少しくらいは「おごってほしい」というのが正直なところ、あります。こっちから積極的に「デートしませんか？」

といったならともかく、誘ってきてくれて、全部割り勘っていうのは、ちょっとないんじゃないかなぁって。

最初のデートで細かくすべて割り勘の男性って、「女性に慣れてないなぁ」って印象だし、逆に「なんで男だからって、女におごらないといけないんだ」って主張してくる男性も、ちょっと面倒くさいなぁって。

婚活

わたしは、その「女性に慣れてない」っていうのは悪くはないですけどね。結婚をするのに、あんまり女性慣れしていてモテそうな人よりは、一途に愛してくれる人がいいと思っているので……。

もちろん、婚活で知り合った男性なら、1回目は割り勘でも構いません。だって、お互いに好きとか嫌いとか関係なしに、「まずは会ってみましょうか」ってことで会っているわけで、おごってもらう筋合いもないし。

ただ、2回目はちょっとくらいは多めに出してもらいたいかな。だって、その時点でわたしのことを、少しは「いいな」って思ってくれているわけでしょう。おごってくれるのは「好意」の証明だと思うので……。

ギャル

あたしは割り勘で全然いい。男性だってお金ないのわかってるし。けど、だったら見栄張って、高い店とかは選ばないでほしい。

なんで食べたくもない高いものを食べさせられて、高いお金を請求されなきゃいけないんだって気になるんで、身の丈に合った店を提案してほしい。

アキバ

そもそも、はっきりと割り勘って難しいですよね？

だって、食べる量やお酒を飲む量が違うので、きっぱりと2で割ったら、小食のほうが、たくさん食べてる人におごることになってしまいます。だいたい男性と女性とだと、男性のほうが、たくさん飲み食いする場合が多いですし。

別にお金が惜しい、払いたくないってわけではなくって、あからさまに自分のほうがたくさん食べたり飲んだりしてるのに、「割り勘で」っていっちゃうのは、ちょっと無神経だとも言えます。

キャリア

わたしは五つ以上年上の相手だと、やっぱりおごりを期待するかしら。同年代なら割り勘でも構わないけど、その場合でも、食事は男性、その後のバーはわたし、みたいなほうがスムーズね。全額おごられる気はないけど、きっちり割り勘はやっぱり色気がないなぁって思っちゃう。

かつてデートといえば、『男性がご馳走するもの』という風潮がありましたが、ここ最近はそれが崩れ、『割り勘』であることに抵抗感を持たない女性も増えてきています。しかし、それはステディな関係になってからのことで、やっぱり最初のデートは男性が多めに支払ったほうが、女性の好感を得やすいことは確かです。

というのも、長年つき合い、普段は割り勘だというカップルであっても、誕生日などの記念日では、祝う側がご馳走することが多くなりますよね。それは『ご馳走をすること』＝『おもてなし』だからです。

そう考えると、最初のデートで男性がおごることは、イコール女性を『おもてなし』をするということです。**『おもてなし』というのは、大切な相手に気づかうことでもあるということを考えると、初めてのデートで、女性が「割り勘よりもおごってほしい」と思う気持ちがわかりませんか？**

もちろん、男女がまったく平等であるならば、女性側が男性に『おもてなし』として、全額払ってもいいはずです。なかなかそういうケースが少ないのは、日本社会の今までのジェンダーロールによるものでしょう。これから先、女性と男性との役割が同等になっていくにつれて、『割り勘』に抵抗感を持たない女性や、『割り勘』を推奨する女性は増えていくことと思います。

しかし、現在のところは、最初のデートは『割り勘』よりも、一部であっても『おごり』のほうが、女性には喜ばれることが多いというのが実情です。

Q7.

待ち合わせ場所って、どうしたらいいですか？
あと、僕には遅刻癖があるんですが……。

文系

待ち合わせの場所は、やっぱり駅に近くて、わかりやすい場所がいいですよね。それで、できれば外気温に左右されないところがベスト。真夏の直射日光を浴びながらとか、台風で暴風雨の中とか、立ってるだけで過酷《かこく》な状況に陥る可能性があるところは、絶対に避けたほうがいいです。

前もって「〇〇に行こう」と決まってる場合ならとにかく、何度目かのデートで「とりあえず会おう」という場合は、喫茶店待ち合わせにして、そこで行き先を決めるとスムーズかも。

素敵

遅刻はしないでください（苦笑）。
やむを得ない場合は仕方がないけど、最初から「遅刻癖がある」ってわかってる場合は、それなりの対策を取ってほしいです。だって、遅刻って相手の時間を無駄にする行為ですよ。それをわかっていて、でも「遅刻しちゃう」っていうのは、自分に甘すぎると思います。

アキバ

じつは、わたしも遅刻癖がありまして……。絶対に間に合う時間に起きて準備して家を出たはずが、なんでか遅れちゃうんですよ。もちろん自分が悪いっていうのはわかってますけど、でも、いつまでも怒りを引きずられちゃうと怖いので、できるだけ早く気分を切り替えてくれると嬉しいです。

キャリア

仕事が理由だったら、いくらでも遅れていいって思ってる人がいるのよね。たまにだったら許せるけど、あんまり「仕事が仕事が」って仕事のせいにすると、結婚してもそうやって「仕事仕事」と言って、家のことにあまり構ってくれないんだろうなって思っちゃう。そもそも「きちんとスケジュール管理ができないようじゃ、仕事もできないんじゃないの？」って考えるわね。

Q8.

遅刻以外に、気をつけるべきことってなんでしょうか？

素敵

歩く速さかな。女性のほうが歩幅が狭いし、ヒールを履いている場合は尚更、速くは歩けないものなんです。試しに一度、つま先立ちで歩くのがどれだけ大変かを、試してもらったらわかると思うけど、階段を駆け上ったりするのがどれだけツラいかってことを知ってほしいな。

女のコの歩くのが遅くてもイライラしないで、歩調を合わせてくれると「素敵だな」って思います。

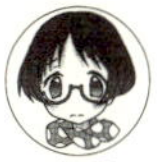

文系

やっぱりデートって、楽しむものじゃないですか。それなのに、全然楽しくなさそうだと、気をつかって疲れちゃいます。

自分では、それなりに楽しんでるつもりかもしれないけど、一般的には『黙っている』『話を振ってもすぐにぶった切る』『無表情』は、楽しくないっていうサインなので、デート中には、できるだけにこやかに笑っていてほしいですよね。

キャリア

あと、何度も話題に出さないほうがいいのは、『疲れている』と『お金がない』の二つよね。

「疲れてる」と言われて、そりゃあ最初は「仕事が忙しいのね。なのに、わたしと会ってくれて嬉しいな」って思うものだけど、何度も何度も繰り返されると、「じゃあ、どうしたらいいの。わたしにどうしてほしいの？」って苛立ってきちゃうのも仕方ないと思わない？　本当に病気だったら、悪くなる前にさっさと家に帰ったほうがいいし。

お金のほうも、本当にないのは仕方ないことだけど、だったら、お金がないなりに工夫したデートを提案してほしい。デート中に喉が渇いても「お金がないって言ってたから、喫茶店に誘ったら悪いかな……」なんていちいち考えてたら、デートが全然面白くなくなっちゃう。

かといって、「お金がない」と繰り返しているくせに、高いお店に連れていかれたりすると、「お金がないっていうのに、大丈夫かしら」って心配になるし、「この前、○○を買って」とか散財した話を聞くと、「あぁ、わたしに使うお金がないってことなのね」という結論に達さざるを得ないわけで。だから、この二つが口癖になってる人は気をつけたほうがいいと思うわ。

アキバ

あと、やっぱりデートのときは、わたしだけ見てほしいって思ってます。かわいい人とかスタイルのいい人とかに見とれられちゃったりすると、悲しくなってしまいます。自分と似てるタイプでも「もっとかわいい人がいたら心変わりしちゃうのかな」って思ってしまうし、全然違うタイプの場合は「こんなんですみません……」って、つい卑屈な気持ちになってしまうんです。

Q9.

女のコは「やさしい人」がいいって言いますよね。けど、僕がやさしくすると「優柔不断」だって言われちゃうんです。その違いを教えてください。

ギャル

デート中の『やさしい』は、ちゃんと女のコに対して気遣いがあるということで、『優柔不断』は、何も自分では決断しないで相手に任せること。これって、同じことのようで、じつは全然違う。

たとえば、女のコから「お好み焼きが食べたいな」と言われて、いい感じのお店を調べて予約して、そこまでの道を調べる人は、やさしいし、気遣いができてる。でも『優柔不断』は、そもそも「お好み焼きが食べたい」と言ってる女のコに、「お好み焼きかぁ……」と言葉を濁して、「行く」っていう決断をしてくれない人のこと。

素敵

そうそう、もしかして「お好み焼きより食べたいものがある」とか、「お好み焼きが苦手」とか、「もっと安いお店で済ませたい」とか、心の中に決断ができない理由があるのかもしれないけど、それは相手にきちんと伝えないとわかってもらえない。

そもそも、「お好み焼きが食べたい」というリクエストを出させておいて、「それはちょっと……」って曖昧《あいまい》な理由で断られたら、女のコだっていい気持ちになるわけがない。そこでさらにダメなのは、「じゃあ、どうしますか。お好み焼きって言ったけど、わたしは別のものでもいいですよ」って譲歩《じょうほ》したのに、「うーん」って黙り込んじゃう人ですね。

婚活

そうなんですよね。カップルとして一緒に過ごしていく中で、小さな決断や大きな決断をいっぱいしていくことになると思うんです。
けど、いざ何か決断すべきことに対面したとき、いつも優柔不断だと、一緒に人生を歩んでいく相手として、やっぱり頼りなさが否めないというか……。
「ぐいぐい引っ張ってくれ」なんてことは言わないけど、二人のことは、二人で話し合って、二人で結論を出すくらいの責任感は持ってほしいなって思います。

キャリア

そうね。今は、男性が主とならなくてはならないという時代でもないし、普段は選択権を女性側に持たせてくれていてもいいの。とくに「選択権は自分のほうが持っていたい」女性にとっては、そっちのほうがありがたいことでもある。

ただ、いざ困ったときに、一緒に解決方法は探ってほしいわよね。それがやさしさってものだと思います。

Q10.

ギャル

さっき少し話に出ましたが、お金がない男ってダメなの？

正直、都会の一人暮らしで、お金が有り余ってる人なんていないと思う。地方で親御さんと同居してたって、そう稼ぎがあるとは限らないし、家の事情だってあるだろうから、お金がなくても、そんなには気にしない。

けど、さっきキャリアさんが言ったように、「お金がない」を連呼されると厳しい。

だって、何をするんでも、お金って必要なわけで。飲まず食わず、ただ外で空気だけ吸っておしゃべりしてれば、そりゃ0円デートも可能だろうけど、毎回それじゃ、さすがに……。なんだか「大事にしてもらえてない感」は、否めない。

素敵

たとえば学生とかで、仕送りのない一人暮らしの人は、お金なんてないことはわかってる。だから、贅沢を求めたりはしません。お互いに地に足をつけたつき合いができればいい。反対に、親のお金でキャバクラとかに行ったりして、豪遊している人のほうが「どうなの?」って思うし……。

キャリア

まぁ、親がお金持ちっていうのは、本人のせいじゃないけど、使い方は考えものよね。浪費が酷くてお金がないっていうのだと、ちょっとね。パチンコや風俗が好きなのは仕方がないけど、両方ともあんまり女性には受け入れにくい趣味だと思うわ。

婚活

風俗とギャンブルにお金を費やしている人は、わたしは絶対に無理ですね。結婚を考えたときに、一生苦労しそうで。
あと、ケチも嫌です。別にお金がないわけじゃないのに、つねに一番安いものを選ぶ人って、人生に豊かさがないなって思う。それに結婚したら、いちいち「これは無駄」「もっと安いのがある」って文句を言われそうです。

文系

わたしも自分が使うお金については、ああだこうだ言われたくないですね。本を買うのだって、まったく興味ない人にはどうでもいいものじゃないですか。けれど、わたしにとってはすごく大切な趣味だったりして。

それを「また高い本買って」とか言われると、「わたしが自分で稼いだお金なんだから、勝手でしょ」って思っちゃいます。

Q11.

デートのテンションのあげ方がよくわからないんですが、どうしたらあがるんですか？

素敵

それを聞きますか！（笑）

そもそもテンションって、普通は自然にあがるものだと思うんですけど。だって、好きな相手と会えるわけで……。

あっ、もしかして、テストを受けに行く気分なのかな。「自分が試される」というプレッシャーがあれば、テンションをあげるのはなかなか難しい人もいるかもしれませんね。

ギャル

たしかに女のコはデート中に、相手に対して「うわ、素敵♥」とか、逆に「ちょっと今の行動はないんじゃないかな」って思ったりもする。けれど、別に男の人の行動の一つ一つに、点数をつけてるわけじゃない。

基本的には、ただその時間を過ごすのを楽しんでる。だから、男の人も『好意を持っている女のコと、一緒に時間を過ごすこと』を楽しんでほしいな。その中で相手をいつも『楽しませよう』って考えていれば、きっとデートは成功すると思う。

アキバ

あと、そもそも女のコと過ごすのが苦手というか、緊張してしまう人もいますよね。そういう人の場合は、無理にテンションをあげると、おかしなことになってしまうので、普段どおりでいたほうがいいかと思います。

女のコのほうも、デートを受けた時点で、ある程度、相手のキャラクターは知っているわけで。シャイだと思っていた男性が、突然高すぎるテンションで来たほうが、ビックリしてしまうかと。

婚活

ただ、あんまりぶっきらぼうに過ごすと、つまらなさそうに見えちゃうのは事実ですよね。だから、そこは女性の話をよく聞いて笑ったり、疑問に思ったことは尋ね返したりっていう、落ちついたコミュニケーションを取ることが大切なのでは。

Q12. 反対に、相手のテンションをあげる方法を教えてください！

アキバ

女のコって、基本的にデートってなると、テンションが高いんじゃないですかね。

だって、前の日からいろいろと準備をしていたりするわけで……。服を選んだり、お風呂に入ってお肌のお手入れをしているうちに、だんだんとテンションがあがってきちゃうものだと思うんですけど。

素敵

　でもだからこそ、会っていきなりけなされると、テンションはさがります。「その服、どうしたの？」って不安に陥らせるような言葉だとか、「寝不足？」って心配されると、「目の下にクマがあるってこと？」とか。反対に「今日の格好、かわいいね」は、やっぱり嬉しいです。

文系

「今日、すっごい楽しみにしてたんだよね」とか伝えてもらえると、「わたしもっ！」って、テンションが自然にあがるかな。

　ワクワク感を共有しながらデートをスタートさせると、その後の1日が上手くいきやすいと思いますね。それまで「わたし、ノリでデートをＯＫしちゃったけど大丈夫だったかな……」って心配も、「一緒に楽しもうよ」ってノリが伝わってくると、すぐに吹き飛んじゃいます。

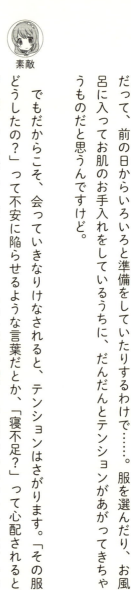

Q13.

「このデート失敗だな」と思うときって、どんなときですか？

アキバ

まずいお店に入っちゃった場合、これはもう仕方ないです。だって、悪気があったわけではないし、知らなかったわけですから。女のコも同意して入った時点で、別に気にすることないと思います。むしろお店を出てから、悪口で盛り上がればいい（笑）。
ただ、嫌だなぁって思うのは、店員さんに対して態度が悪い人。店員さんには罪がないわけで。まぁ、仮にあったとしても、感じ悪く接すると、「この人、気に食わないことがあると、人に当たるタイプなんだなぁ」と思ってしまいます。

素敵

店員さんに対して態度が悪い人って嫌ですよね。店員さんじゃなくっても、電車の中なんかで、偶然に居合わせた人とか、いくら向こうの態度が悪くても……。
たとえば、ほら、うるさい中年女性の集団とかと、喫茶店で一緒になることってあるじゃないですか。それをブツブツブツブツ言ってると、こっちまで気まずくなっちゃう。「うるさいねー」と笑いあって、さっさと出ちゃったほうが、互いにストレスがなくていいのに。

もしもご飯を注文した後とかで、すぐに出られない状況だったら、店員さんにお願いして、注意してもらえばいいだけです。デートでわざわざ殺伐とした雰囲気をさせることはないし、「このデート失敗だったかも」って思っちゃいますね。

婚活

デートってナマモノというか、まぁいろいろありますよね。大雨が降ってきて動けなくなることもあれば、予想以上に混んでいて座れなかったり、突然、予定が狂うこともある。でも、それって不可抗力だし、そんなハプニングに二人で対応していくことで、距離が縮まるのではないでしょうか。

よく、ピンチはチャンスだっていいますけど、ピンチこそ、その人の本質が露わになる。そこで「恥を掻《か》いた」と感じて萎縮したり、プライドを守るために逆ギレしたりしないで、きちんと対応していくと、誠実でしっかりとした人だっていうのが伝わってくると思うんです。

Q14.

あの……最後に。手って、いつから繋いでいいのかな……？

キャリア

わたしは大人の男女……ようするにセックス経験がある者同士で、初めてといっても、夜のデートだったら、その日に手を繋いでもいいと思うわ。

子どもじゃないんだし、女のほうだって、デートに誘われたんだったら、それくらいは想定してるはず。キスをしようとしたならともかく、手を繋ぐくらいは、そう拒まれることはないと思うの。

それに、関係を一歩進展させるのに、手を繋ぐっていうのは、すごく有効な手段なのよ。だって、女って「スキンシップされて、トキメくか、トキメかないか」っていうので、自分の気持ちを知ったりもするんだから。

婚活

わたしは、初めてのデートが夜で、しかも手を繋がれたら「ホテルに誘うタイミングを見計らってるのかな」って警戒しちゃいますけどね。

　でも、初めてが昼のデートで、人混みとかでさりげなく手を繋がれるのはキュンッとしちゃいます。「はぐれないように」って言われたら、「やさしいなぁ、わたしのこと、気にしてくれてるんだなぁ」とも思うし。

ギャル

　手を繋ぐとか、ラブいなぁって思うけど、ちょっと人前だと照れくさいのはあるよね、実際。けど、たしかにいきなりキスとかされると、「えっ、即ヤろうと思ってる？」って思う部分もある。

　もちろん、1回目のデートでヤルっていうのが悪いわけでもないんだけど、ただ、デートがあまり盛り上がらなかった場合だと、「あっ、そっちが目当てか！」って、ちょっとがっかりしたりもする。

　けど、手を繋ぐくらいだと、キスまではハードルが高くない。たとえば、帰り際に、電車の改札のところで握手とかって「気がある」っていうのが伝わるし、スキンシップを取ったことで、次のデートはより男女の雰囲気を意識してできるから、あんまり押しが強くできないタイプの男性でも、ぜひ試してほしい。

もしかして、初めてのデートの目的は、「手を繋ぐ」ってことに置くといいかもしれませんね。女のコによっては、何もないと「自分に気がないのかな」って思っちゃうこともあるんで。それに、手を繋がれたことで突然、相手を意識しちゃったりして。
冬なんかは、「寒くない？」って言いながら手を取って、コートのポケットに入れてくれたりしたら、キュンとしちゃいそう。

手の自然な繋ぎ方でいえば、甲から当てていくって方法もありますね。歩いているときに、手の甲をさりげなく当てるんです。で、何度か触れても拒まれないようだったら、思い切って手を握ってみるというテクニックです（笑）。
あとは、怖い映画を観たりお化け屋敷に一緒に入ったりも、自然と手を握るキッカケになりやすいので、デートにあえて『ちょいコワ』なものを取り入れるのもいいかもしれません。よほどの怖がりのコは別ですけど、刺激的な事柄って印象に残りやすくもありますし……。
しかし、何はともあれ、次のデートに誘うつもりだったら、手を繋いでみることはいいことだと思います。それで、もしも断られた場合は、「友だちから先に進むのは、どうかな」って思ってるってことです。慎重な女のコは、そういうことを考えるんです。だから、もしも断られたら「まだ早かったね」と謝って、さらに二人の距離が近づくように時間を重ねていけばいいいと思います。

この章では『初デート』をするにあたり、心配なことや、気をつけたほうがいいことをざっとご紹介しましたが、女のコたちの本音は、いかがだったでしょうか。

『デート』というと、『緊張をする』『何をしていいかわからない』『怖い』……といったたくさんの心配事が浮かんでくるかもしれません。

けれどもデートは、場数を踏めば必ず上達します。そしてデートほど、女のコに対してのコミュニケーション能力がつちかわれる場はありません。ぜひ勇気を出して、女のコをデートに誘ってみてくださいね。

第5章 楽しく気持ちよく愛し合うために【セックス編】

異性との関係を少しずつ深めていく中で、「セックス」は一つの区切りとなります。〝セックスをする関係である〟ということは、少なくとも「相手はあなたに好感を持っている」ということの証明になります。

「結婚するまでは処女でいる」という信条を持っている、病気などを患《わずら》っていて、身体の具合がセックスをするのに適していないなどの、はっきりとした理由なくセックスを拒まれるのであれば、いくら思わせぶりな態度を取っていても、相手はあなたに気があるとは言い難い……。といっても性欲の在《あ》り方と、それに対するスタンスは様々ですので、一概に「嫌われている」とも言えないのが難しいところです。

とくに男性に比べて、女性はセックスに慎重であることも多く、セックスを「許す」には「つき合う」という保証を求める人や、その場の情に任せるのではなく、あらかじめお互いに合意した後《のち》に、結ばれることを誠意とし、それを求める人もいます。

しかし、一方で「セックスをしないと相性がわからない」「セックスもしていない状態でつき合う、つき合わないなんて考えられない」とする女性も少なくありません。

これまで出てきた女のコの「本音のリクエスト」に応えるには、基本的には「やさしさ」を持って接すれば解決しましたが、セックスに関しては「やさしさ」をもってしても、すべてが上手くいくわけではありません。

というわけで、この章では、「セックス」にテーマを絞って、疑問を解決していきたいと思います。

Q1.
童貞なんですが、女性からすると、どう思いますか？

ギャル

そもそも、誰しもが最初は童貞なわけで、だから、必要以上に恥ずかしがったりカッコつけることはないと思う。「ごめん、じつはぼく、初めてで……」って言ってくれたら、こっちもちゃんと対処するし（笑）。
それに、初めての相手っていうことで、大切にしてくれそうなイメージもある。でも、反対に「あたしなんかでいいのかな」って思っちゃうかもしれない。だから、仮に思っていたとしても、「非処女だなんてがっかり」とかは言わないでほしい。

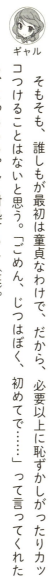

キャリア

そうね。さすがに30、40歳過ぎで「童貞なんです」と言われたら困っちゃうけど、20代だったら、全然オーケーかな。

あと、童貞じゃないふりして、無理にカッコつけてるのは、ちょっと滑稽《こっけい》に見えちゃうかもしれないわね。いくらカッコつけても、うっすらとわかるというか……はっきりと「童貞？」とまでわからなくても、なんだか挙動不審だなって感じると思うのよ。

そういうときに、「この人、なんか行動が変だけど……」って疑問を抱かせると、信頼感が揺らぐことになると思うのよね。女のコにとって、信頼感はすごく大切だから、それってあんまりいいことじゃない。だったら、最初から素直に「じつは慣れてなくって……」って言っておいてくれれば、「慣れてないから、ギクシャクしちゃってるのね」と納得ができるから信頼感は失われずに済むと思うの。

アキバ

でも、過剰に自虐的なのもちょっと困りますよね。「僕、童貞なんで」とか、ことあるごとに言うのって、本人は自虐ギャグのつもりだと思うんですが、こっちからすると、ちょっと困ってしまうというか……。基本的に下ネタだから返しにくいし。殊更にアピールしなくてもいいのにって、思わざるを得ないです。

文系

たぶんですけど、男同士では「童貞」って、自分が相手よりも優位に立つために、バカにする対象だったりもしますよね。だから、恥ずかしがったり、隠してカッコつけようとしたり、自虐で誤魔化そうとしたりする。

でも、女子からすると、別にバカにするようなことじゃないっていうか、本当に関係ないことですよ。

ただまぁ、童貞をこじらせすぎて「非処女なんて中古」とかそういうことを言って、自分のプライドを守ってる人はどうかなって思いますけど……。

Q2.

仮性包茎ってどうですか？
やっぱり嫌ですよね……。

ギャル

そもそも仮性じゃない人って、あんまりいないって話。前に聞いた話だと、日本人男性の場合は、7割が仮性包茎だとか。

その割合、実感としても間違ってない気がするけど（苦笑）。だから、別に気にしなくていいと思う。

女からすると、いざというときに挿入《そうにゅう》できればいいわけで、別に仮性であろうがなかろうが、なんの違いもない。

だから、仮性の人に必要以上に卑屈ぶられたり、逆に剝けてるからって偉ぶられても困っちゃう。

素敵

それよりも、清潔かどうかが大切ですね。
包茎の人って作り的に、どうしても汚れが溜まりやすくなっちゃうと思うので、そこは綺麗に洗ってほしいなって思ってます。女のコの身体の中に入れるものってことを、ちゃんと認識してほしいですね。

アキバ

なんかわたしの友だちの話なんですが、皮を使って遊ぶのが好きって女性もいましたよ。水を溜めたり、空気入れたりするって（笑）。
その人はちょっと特殊枠として、たしかに皮があったほうが、そういう意味での自由度はあがりますよね。なんで、誇らなくてもいいけど、別にそんなに卑下する必要もないって思います。

Q3. ほかにセックスをするときに、気をつけることってありますか？

キャリア

うーん、パンツが汚れてるとか？　まぁ、そんな人はあんまりいないと思うけど（笑）。あっ、でも爪は気をつけたほうがいいかも。爪のあいだにゴミが溜まってると、「嫌だな」って、触られている最中に集中ができなくなっちゃうと思うわ。

素敵

やっぱり「清潔であること」は基本ですよね。わたしはセックスする前は、必ずシャワーを浴びてほしい派です。シャワー浴びていない男性器を舐《な》めるのは無理だし、挿入されるのも抵抗があります。

ギャル

でも、部屋に入るなり、がばっと押し倒されて、欲情のおもむくまま……っていうのも、愛があるっていうか盛り上がってる感じがして、ちょっとときめいたりもするけどなぁ。

だからあたしは、それほどシャワーにはこだわらないかも。ただし、自分がシャワーに入ってない場合に、アソコを舐められるのは無理だけど……。

婚活

シャワー問題は、その人の衛生観念次第ってところがあるから、ちょっと難しいですね。だから、まぁ無難なのは女のコが「シャワーを浴びたい」って言ったら、自分も浴びることですかね。

こっちがシャワーを浴びてるのに、「俺はいいや」って言われると「えっ⁉」って思っちゃう。

アキバ

まぁ、正直、お風呂に入ってないと、確実になんらかの味がするというか、多かれ少なかれ、汗や体臭は感じますよね。それを受け入れられるか受け入れられないかは、女のコ次第ですが……。

Q4. ラブホテルを選ぶときの注意点があったら教えてください。

素敵

これもじつは、清潔問題が一番大きいと思うんです。やっぱり古くて汚いと、たとえ綺麗に掃除がされていても、なんとなく不潔なイメージを持ってしまうので。ただ、綺麗でラグジュアリーなラブホテルって高いんですよね……。
だから、初めてのエッチだったり、記念日だったりには、そういうところを選んでくれると、「気を遣ってくれてるんだな」って嬉しいですね。

婚活

それと、ラブホテルが割り勘はあり得なくないですか？
そりゃあ高いから負担になるのはわかるけど、なんだかちょっと惨めな気分になる気がします。次のデートのご飯代とかで帳尻を合わせる形にして、ラブホテル代だけは、男性に払ってもらいたいなぁっていうのが正直なところです。

ギャル

あたしは割り勘でも構わない。でもまぁ、もちろん払ってくれたほうが嬉しいことは嬉しい。素敵ちゃんが心配してるお金問題については、ほら、ラブホテルって普通は数軒、まとまって建ってたりするので、その中でちょうど真ん中くらいのランクのところに入ってくれたら無難かなって思う。

キャリア

清潔感がある外観をしているのは基本として、たとえ安めでも、何か特徴があると、こっちも「ただケチられた」って印象を受けずに済むわよね。たとえば、露天風呂があるとか、ロビーに生ビールのサーバーがあるとか。

あと「ホテル街の入口に近い」というのでも、全然あり。ホテル街をウロウロ歩き回るのって、恥ずかしいし。そもそも、そんなに悩んで選ぶようなものでもないじゃない。だから、「ここでいいよね」ってサッと入るのが一番スムーズじゃないかしら。

アキバ

たしかにホテル街をウロウロ……は嫌です。「少しでも安くて、よさげなところって考えてくれてるのかな」って思いますが、でもラブホテルって結局、中に入るまでわからないじゃないですか。

だから、予算内でそこそこ綺麗そうなところを、勘で選ぶしかないんですよね。「ここ、前に来たときによかったから」とか言われるのも微妙ですし（苦笑）。

もちろん、当てずっぽうに入るわけですから、中に入ってみて、ちょっと期待外れってこともあるだろうけど、そこはもう、仕方ないというか、どっちのせいでもないと思います。そんなにホテル選びにプレッシャーは感じなくていいんじゃないのかなというところです。

Q5.

どうやってラブホテルに誘ったらいいのか悩みます。上手な誘い方があれば知りたいです。

文系

「ホテルに行ってもいいなぁ」と思うときは、その前の段階で、こっちも合図を出してますよね。具体的には、ボディタッチを繰り返したり、今夜は遅くなってもいいってことや、明日は予定がないってことを伝えたり……。あとは終電を気にしてないことをアピールします。

反対に「今夜は帰るぞ」って決めてるときは、目の前で、スマホで終電の時間を調べて「終電は〇時なんで、ここ×時には出ますね」って伝えたりしますね。

ただ、泊まりは無理だけど、休憩でラブホに行ってもいいって状況もないわけではなくって……。その場合は「どうします、まだ時間あるけど、お店替えますか？」ってとりあえず、その店を出ることを提案するかな。だから、女のコが「今日は帰る」って言ってても、身体に触れてきたりして「これ、誘われるのを待ってる？」ってピンと来た場合は、一応、ホテルに誘ってみてもいいと思います。

キャリア

具体的な誘い方の話をすると、夕食をとったお店を出て、バーやカラオケなんかを挟むか、もしくはそのまんま……ってことになると思うんだけど、とりあえず、ラブホテルに誘う前に、手を繋いだり、抱きしめたり、キスをしたりすることが必要よね。だって、キスやハグの延長線上にセックスがあるわけであって、それを素っ飛ばして、いきなりセックスに誘われても困っちゃう。

あとは、男性に比べて、女性のほうが「まだホテルに行くのは早いかな……」っていう葛藤を持ちがち。けれど、キスやハグしたことで、気持ちが盛り上がって、その葛藤が吹き飛んじゃうことってあるから、前段階でキスやハグは絶対にしたほうがいいと思うのよ。

じゃあ、そのキスやハグをどこでするかって言うと、お店を出たところかな。「ちょっと酔い醒ましに歩かない？」と誘って、手を繋いで歩いて、それで、どこか人気のないところで抱きしめてキスするのがスムーズかも。で、相手が積極的にキスを受け入れてくれる態勢だったら、ホテルに誘ってもOK。1回キスして唇を離したところで、2回目のキスをしようとして拒否されたら、ちょっと難しいかも……。

アキバ

終電を逃した場合は、とりあえず、1回くらいホテルに誘ってほしいです。「眠くない？　泊まりに行く？」とかそういうふうにさらっと。朝まで飲む気まんまん、もしくは家が近くてタクシーで帰れるっていうことも、ないわけじゃないけど……。

でも、終電を逃すのって、「その場が楽しいから」ということは確実だと思うんです。「楽しい」ってことは、もっと一緒にいたいってことだから、ホテルに誘っていい状態になっているのではないでしょうか。

婚活

反対に「今日は帰る」と言ってるにもかかわらず、「まぁ飲んで飲んで」とか無理矢理にお酒をすすめて、酔わせて女のコを前後不覚にしてホテルに誘うのとかって、ちょっと酷いなって思います。あとは、少しもロマンティックな雰囲気も口説く素振りもなかったのに、お店を出たところでいきなり「ホテル、行く？」とかも、「ただ、エッチしたいだけなのかな」って思いますね。

ギャル

実際問題、女のコの身体だけが目当ての男性って、少なくないんですよね。でも、エッチした後で、「別に好きでもなんでもなくってヤリたかっただけ」とか言われると、女のコは傷つく。

きちんと恋人として、つき合うかつき合わないかは別の話としても、「好きで仲良くなりたくって、だからエッチした」という気持ちは最低限、持っていてほしい。

セックスをしたからといって、必ずしもつき合わないといけないというわけではありません。セックスは互いを知るきっかけの一つ、セックスをして互いにさらに好きになれば、恋人同士となればいいですし、セックスをして「ちょっと違ったな」と思った場合でも「責任」を感じる必要はありません。

しかし、それは相手も納得の上でセックスをした場合のことです。

目の前の男性とセックスするか否かを、迷ったり悩んでいたりする状態の、あまり乗り気でない女性をベロベロに酔っ払わせて前後不覚にしたり、断れない性格なのをいいことに、強引に押し切ったりして、ホテルに連れ込んではいけません。

「多少強引なほうが男らしい」という勘違いをしている男性もいるかもしれませんが、たとえ恋人同士であっても、合意がない場合のセックスは「デートレイプ」と呼ばれる行為です。


セックスに限らず、女性と関わりを持つ際に、相手に対して一番に示してほしいこと。それは『誠意』だと思います。


どういうことかというと、「きちんとつき合うまではセックスしたくない」という女性に関しては、相手の意思を尊重し、「つき合ってからセックスをする」という手順を踏む。もしくは「(身体の相性を知ってから判断したいので)つき合う前にセックスがしたい」ということをきちんと伝えるということです。

反対に、つき合うことに同意をしたふりをして、あとから約束の言葉をなかったことにするのは、相手の女性を傷つけてしまうことになります。

ですが、なかには、自分の意思をきちんと伝えたつもりであっても、伝わっていないことや、あなたと「つき合いたい」という理由から、婉曲《えんきょく》して理解する女性もいるかもしれません。

そういった場合も、「傷つけるつもりはなかったこと」「きちんと伝えたつもりであったこと」などをきちんと誠意を持って話すことが、恋愛を含むコミュニケーションの基本です。

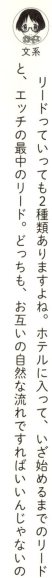

Q6.

強引なのはダメっていってもリードは必要ですよね。無理にでもリードしたほうがいいんでしょうか？

文系

リードっていっても2種類ありますよね。ホテルに入って、いざ始めるまでのリードと、エッチの最中のリード。どっちも、お互いの自然な流れですればいいんじゃないのかなって思いますけど。

ただ、女性があまり慣れているふうにぐいぐいと、ホテル選びから、「ちょっとコンビニ寄って、お菓子とかジュースとか買っていかない？」と提案するとか（苦笑）、なんとなくしにくい部分があって。

ほら、「ピュアに見せたい」とまではいきませんが、あんまりそういうことに慣れているふうに思われるのも、男性に嫌われちゃうかなっていうのがあるので。

できれば「コンビニで飲み物、買っていこうか」とか、「このホテルでいいかな」とかは、最初は男性にやってほしいです。もちろん、つき合いが長くなれば、自分から提案できるようになるので。

アキバ

セックスに関してのリードも、なかなか難しいところがあります。やはり、そこでも「女のコのほうが慣れてて積極的」というのだと、「男性のプライドを傷つけちゃうんじゃないか」とか、「遊び慣れてる女だと思われちゃうんじゃないか」という心配がありますので。
それに、恥じらいがない女性って男性からしても、ちょっと引いてしまいませんか？

だから、抱きしめたり、キスしたりのアクションは、やっぱり男性からしてくれると嬉しいなって思います。実際に自分から行くのは、なかなか勇気も出ないですし……。

素敵

そうなんですよね。男の人に頼ってばかりで悪いって思ってるし、わたしたちだって、きちんと自分がしたいことを言ったり行動したりしないといけないってこともわかってるけど、セックスに関することだと、つい及び腰になっちゃう部分があるんです……。

でも、仲良くなるに従って、少しずつ積極的になれると思うので、そこはわかってほしいです。

キャリア

うふふ。みんなウブね。30代になれば、そこはもう、そんなに及び腰にはならないけど。ただまぁ、自分の家みたいにホテルでパキパキと行動するのも、たしかにかわいげがないかなって思うわよね。

「セックスをするぞ」ってときでも、さっさと脱ぐとかね（苦笑）。

だから、まだお互いに慣れないうちは、男性が女性をリードしてあげるのがスムーズなんじゃないのかな、と。

Q7. リードすることのほかに、セックスでしたほうがいいことって何？

キャリア

したほうがいいこと……それはやっぱり前戯《ぜんぎ》じゃないかしらね（笑）。「上手くできるか自信がない」「昂奮《こうふん》してるから早く入れたい」っていう男性の気持ちもわかるけど、とくに若い女性の場合は、クリトリスが感じることのほうが多かったりするの。
その場合は、挿入よりも、触られたり、舐められたりといった前戯のほうが気持ちよくなれる。だから、前戯はきちんとしたほうが、女性に喜ばれるんじゃないのかなって思うわ。

素敵

ちょっとキャリアさん、その前に忘れてますよ、キスとハグ。キスとハグがなくいきなり下着を降ろされても、「えっ！」って困っちゃいますよ（苦笑）。
そもそも、「好きだからセックスをする」っていうこと、相手の女のコを慈《いつく》しんでいることや、好きだってことを行動で伝えないとダメですよね。もちろん、丁寧な前戯で、それを感じるってこともあるけど、それでもやっぱりキスとハグがないと。

ギャル

たしかに、キスもなくセックスが始まったら、突然すぎるイメージは拭えない（笑）。あと、キスって、きちんとしてくれると、それ自体がすっごい気持ちいい。丁寧なキスをされると、その後の期待も自然と高まっちゃう。キスで焦らされると、一層燃えるってことを含めて、キスはとにかく大事。

Q8.

キスとハグのあとのテクニックについても知りたいんですけど、女のコってどうされたら気持ちがいいのかな？

素敵

その質問に、じつは答えってないんじゃないかなって思います。だって、たとえば脇腹をくすぐられたとして、くすぐったくて我慢できない人と、なんともないって人がいるじゃないですか。

それくらい身体の感度というか、感覚って違うわけで、だから、「女のコってどうされたら気持ちいい？」に正解はない。

文系

たしかに、正解はないかもしれないです。でも、多数派と少数派っていうのはあると思うんですよね。極端な話、殴られて感じる人もいるだろうけど、痛いから嫌って人よりも少数派。キスが好きと嫌いだったら、嫌いのほうが少数派っていうふうに。
だから、まずは、その最大公約数に向けての「女のコがされて気持ちいいこと」を知ることですね。
で、あとは、素敵ちゃんの言うとおり、各々の女のコに応じて対応を変化させるっていうことを頭に置いて、「目の前の女のコがされて気持ちいいこと」を探っていくっていうのがいいんじゃないかな。

キャリア

そうなのよね、それまでの経験や既成概念にとらわれると、意外と「目の前の女のコ」のことが見えなくなっちゃうことってあるの。みんな性感帯も敏感さも違うから、調整していかないといけない。そう考えると、セックスってコミュニケーション力が問われるものなのよね。

「女性を気持ちよくさせたい」と思った場合に、必要なのは「最大公約数を知る」と「目の前の女性のことをきちんと考える」の二つです。「目の前の女性のことをきちんと考える」は、実際に体験をするときに心がけるしかありませんが、「最大公約数」については学ぶことが可能です。

というわけで、セックスの行為ごとの例をあげてみましょう。

●キス

キスは多くの女性が好きな行為です。というのも、女性はキスに、セックスの持っている「性欲」の衝動ではなく、慈しんでくれているという「愛情」を深く感じるからです。なので、行為の始まりだけではなく、挿入の最中や終わった後など、ことあるごとにすると、愛を伝えることができます。

ただし、ごくたまにキスが苦手だという女性もいます。その原因としては、概して潔癖気味であることが多く、とくに目覚めてすぐのキスには抵抗があるという女性もいます。

そういう女性と寝起きにキスをする場合は、唇をさっと軽く重ねるくらいにしておくといいかもしれません。

ほかに、女性に嫌われるキスというと、がっつきすぎて痛い、顎《あご》あたりまで涎《よだれ》でベトベトにする、体重をかけすぎて重い、舌を強く噛むなどがあります。

これはキスに限りませんが、女性の身体に触れるとき、そこがどこであっても、最初は少し弱すぎるくらいにやさしくし、次第に相手の様子を見ながら強くしていくのがコツです。

とくに気の弱い女性は、「痛い」ということが言えない場合が多いので、とにかく最初は、自分が「これくらいかな?」と思っている10分の1ほどの力で触れるくらいでちょうどいいでしょう。

●唇以外へのキス

キスというと、唇だけにするものだと思っているかもしれませんが、じつは女性は唇以外のキスにもトキメキを覚えます。しかも、とても気持ちよさも感じるんです。

ただし、全身のどこでもいいというわけではなく、好まれやすい場所、人によって好き嫌いの分かれる場所があります。

好かれやすい場所でいうと、おでこ、頬《ほお》、瞼《まぶた》、顎、首筋、鎖骨《さこつ》、乳房、乳頭、背中のあたりでしょうか。好き嫌いの分かれる場所としては、眼、耳、脇の下、腰のあたり、女性器、肛門、太もも、膝裏、足の指などがあります。

好き嫌いの分かれる場所のポイントとしては、「涎と触れると病気になりそうで怖い粘膜部分」「においや汚れが気になる部分」「敏感なので触れられるとくすぐったい部分」の三つです。

しかし、このうち「敏感なので触れられるとくすぐったい部分」を抜かした残りの二つは、人によっては性感帯であり、舐められたり触れられると気持ちよく、むしろ好かれる場所であることも。

とくに女性器にキス（クンニ）は、「恥ずかしい」という抵抗感から、嫌がっていたとしても、実際にされてみれば、激しい快感を得られる場合もあります。

羞恥心《しゅうちしん》にとらわれているのは女性自身の責任ではありますが、しかし、それを解きほぐすことができるのは、セックスの相手となる男性だけです。なので、どうか安心させて、身体を預けてくれるように導いてあげてくださいね。

●タッチ

触れられて気持ちのいい場所、あまり触れられたくない場所は、基本的には「唇以外へのキス」と同じです。

ただし、触れるのが唇ではなく指先となるため、羞恥心は薄まり、「においや汚れが気になる部分」への抵抗感はぐっと薄くなります。

気をつけなくてはいけないのは、柔らかな唇と違って、指先は少し皮膚《ひふ》が固く、爪があること。カサカサしていたり、爪先が割れていたり、伸びていたりすると、触れられたときの気持ちよさは半減してしまいますし、それどころか痛みを感じてしまうことも。**女性の身体は思っている以上に痛みに敏感なので、とにかく「やさしく、ソフトに」を心がけてください。**

また、見た目にも注意が必要です。爪のあいだが黒く汚れていると、とくに粘膜部分を触れられることに抵抗感を覚えてしまいます。

なので、身体に触れる前には、きちんと手を洗って、汚れを落とした状態にすることが大切です。

●クンニ

クンニは女性に快感を与えることのできる愛撫《あいぶ》ですが、しかし、苦手だという女性も少なからず存在します。一つには［唇以外へのキス］でも書いた羞恥心の問題。もう一つは、敏感すぎてくすぐったいとか、痛いという場合。そしてクリトリスの性感が弱い体質の場合です。

羞恥心からクンニに抵抗感を示す女性の場合は、実際に舐められれば気持ちがいいわけですから、葛藤を抱えていると言ってもいいかもしれません。

繰り返しになりますが、その葛藤を解決する手助けを一番にできるのは、セックスする相手の男性です。「恥ずかしいことではない」「気持ちのいいところが見たい」と、あなたの正直な気持ちを、誠意を持って伝えて、彼女の心の呪縛を解き放ってあげてください。

次に敏感すぎる女性と、クリトリスの性感が弱い女性の場合です。

こちらについては、その女性に適したクンニの仕方を試行錯誤するしかありません。触れるか触れないかくらいのタッチで舌先でつついたり、まずは舌表をべったりとつけたままで彼女の反応を見て、少しずつゆっくりと舌を動かすなどです。

どうしてもクリトリスに触れられるのが痛かったり、くすぐったすぎたりするようでしたら、太もものつけ根や、小陰唇《しょういんしん》、大陰唇《だいいんしん》を舐めるなどの方法もあります。クリトリスは感じないという女性であっても、性感というものは、開発することで開かせることが可能ですので、ぜひ挑戦してみてください。

互いに協力して性感を開発することは、「セックスを楽しむ」ということと同じです。互いの身体に触れ合うことのできる関係にあるのですから、ただ自分の快楽だけに耽《ふけ》るのではなく、二人で気持ちよくなることを目指したいものです。

さて、ここまで読んで、「別にクンニをされたくないって言うのに、なんでそこまでしてクンニしないといけないの？」と思う読者の方もいらっしゃるかもしれません。

たしかに、それはそのとおりです。しかも、クンニは、男性が女性にする愛撫の中で、男性側からしてみると自分の肉体的快感は少ないため、ついついおざなりにしたりカットしたりしたくなってしまうもの。

なかには、「クンニが嫌い、苦手」と公言している男性だっています。だからこそ、女性は恥ずかしかったとしても、クンニをしてもらえると、「この人は、クンニをしてくれて、やさしい人だ」「クンニをしてくれるくらい、わたしのことを好きでいてくれているんだ」と実感できるというわけなのです。

なので、ぜひ挑戦してみてください。

●挿入

キスや前戯をして、準備が整ったところでようやく挿入です。女性の膣内《なか》にゆっくりとペニスを挿入すればいいのですが、互いに「妊娠してもいい」という合意がない限りはコンドームを使いましょう。

女性の中には、「相手に嫌われちゃうかも」ということが心配で、本当はコンドームを使ってほしくても、「つけて」といえないタイプの人もいます。本当は自分の身は自分で守らなくてはならないのですが、もしも望まない妊娠をしてしまった結果、心はもちろんのこと、身体に受けるダメージは女性のほうがずっと上です。

なので相手を思いやる意味でも、コンドームは絶対につけましょう。

Q9.

「やさしく、ソフトに」ということはわかりましたが、どんな場合であっても激しくされるのって嫌なんですか？

素敵

うーん、激しくされるのが、絶対に嫌ってわけじゃないです。乱暴なのは嫌だけど、情熱的にしてくれるのは嬉しいし。

じゃあ、乱暴と情熱的の違いはっていうと、とにかく力任せで相手のことを考えずにするのは乱暴、情熱的はつい突き動かされて力が入ってしまうこと……。といっても、痛かったら同じなんだけど。

ただ、セックスってときにはちょっとした痛みが快感だったりもするので、そこが難しいところですよね。

アキバ

そうなんですよ。友だちでドMのコなんかは、「お尻を叩かれるのが好き」とか「軽く首を絞められると昂奮する」とか言っていて、「本当にそうなのかなぁ」って思って、試したこともありましたけど、わたしは全然ダメでした(笑)。

やはり、性癖って人それぞれなんですよね。

キャリア

でも、最初はそんなつもりはなくても、試していくうちに「いいかも……」ってなることもあると思うのよね。目覚めちゃうっていうか。

女側にも、好きな人のリクエストならばできるだけ受け止めたい、応えたいっていう気持ちはあるから、「激しくしたい」以外にも、何か希望があったら、素直に言ってくれたら嬉しいわ。

婚活

実際、女性向けのティーンズラブコミックやロマンス小説なんかを読むと、エッチ自体はかなり激しかったりしますよね。言葉が甘くてやさしいだけで、それこそ、おもちゃを使ったり、目隠しや両手を縛ったり、ソフトSMがあったり、お尻に入れたりもありますし(照)。

女のコも「気持ちいいのかな」っていう好奇心はあるんです。

ただ、怖いのと、自分から言うと変態みたいに思われちゃうんじゃないかっていう気持ちがあるだけで。だから、女のコのほうから「〇〇がしてみたい」ってリクエストがあったら、「えっ、やだよ」なんて言わずに応えてほしいです。すごく勇気を出して頼んだわけなので。

Q10.

自分からリクエストしてもいいし、リクエストはなるべく断らないほうがいいんですね。ほかにしちゃいけないことってありますか？

アキバ

ちょっとなまぐさい話になってしまいますが、やはり「出すところ」は考えてほしいです。
もちろん、コンドームをつけてセックスしてほしいんですが、女のコ側がピルを飲んでいたりして、ナマでしていいよって場合もあるじゃないですか。

そういうときに、顔とか髪とかに出されてしまうと困ります。終わってから洗えばいい話でもありますが顔や髪に出すのって、愛情がある感じもしないですし……誕生日やバレンタインデーなどのイベントデーに「特別だからお願い」と言ってされるとかならば、叶えてあげたいと思うので構いませんが。

あと、慣れてからならいいですが、いきなり最初から「口に出してもいい？」もちょっと。まぁ、さっきのドMの友だちは、それで興奮するって言ってたので、人それぞれだとは思うのですが……。

ギャル

さっきから、アキバちゃんのその友だち、ウケるんだけど（笑）。でも、まぁ、もしもナマでしたとしたら、お腹に出すのが無難。

あと、あたしがしてほしくないのは、イラマチオ。あんまり奥まで突っ込まれちゃうと苦しい。けど、昂奮して思わず頭を押さえちゃいましたっていうんだったら、こっちも「昂奮してくれてるんだ」って思って熱くなる（笑）。だから本当にシチュエーションによるけど……。

文系

「何もしなさすぎる」っていうのも、しちゃいけないんじゃないんですかね。いきなりベッドにごろんと大の字になったり、もしくは四つん這《ば》いになったりして「責めて」と言われても、「お店で働いてる人じゃないんだから!」って。

素敵

基本に立ち返ると、前戯なしの挿入は愛が感じられないなって思いますね。いきなり突っ込まれて気持ちがよくなれるわけじゃないし……。

たぶん男性は、いきなり突っ込んでも気持ちがいいと思うけど、女のコは違うんだよってことを知ってほしいです。

キャリア

ようするに「しちゃいけないこと」って、「相手の身体を、自分の身体を気持ちよくするためだけの道具に使う」ってことなのかもね。

もちろん、相手の身体を使って気持ちよくなってもいいんだけど、相手も同じだけ気持ちよくしてあげること、それがセックスで大切なことなんじゃないのかな……。ということは、わたしたちにも返ってくるんだけどね。相手が何かしてくれたら、ちゃんと返してあげるっていう、ね。

Q11.

じゃあ、いざ挿入になったときに気をつけることってありますか？ 腰の動きとか……。

文系

これも人それぞれの好みがあると思うんだけど、わたしは、いきなり奥まで挿入されるよりも、ゆっくりじっくりと時間をかけて挿入してほしいいし、挿入した後も、すぐに動かさないでいたほうが、馴染んで気持ちがいい気がします。そのあいだ手持無沙汰《てもちぶさた》っていうようだったら、キスをしたり、髪を撫《な》でてくれたりすると嬉しいです。

ギャル

挿入でいろんな体位を試したいのはわかるけど、コロコロと替えられすぎると、ちょっと落ちつかない。あと、体位を変えるときは、無理やりに無茶な体勢を取らせずに、普通に一度抜いてほしい。膣内の肉がぎゅっとねじれると、痛いから！

キャリア

プレイとして楽しめる「痛み」は別だけど、ハプニング的な「痛み」は感じた瞬間に、全然気持ちよくなっちゃうものね。たとえば、セックス中に腰や腕なんかをつかむのに、力や体重がかかりすぎて痛いとか。

Q12.

セックスが終わったあとにしたほうがいいこと、しないほうがいいことってありますか？

文系

よく「すぐに背中を向けて煙草をプカーッ」はダメって言いますよね。わたしは煙草を喫《す》わないからわからないけど、むしろエッチが一段落した後って、煙草が喫いたいんじゃないのかなって思ったりもします。

だから個人的には、リラックスして煙草を喫うとかはいいと思うんだけど、やっぱり背中を向けられるのは寂しいですね。「終わっちゃったら用なしなんだ」って感じで。煙草を喫ってもジュースを飲んでもいいから、一段落したら、ベッドにもう一度横になって、腕枕してちょっと話したりをしてほしいかな。

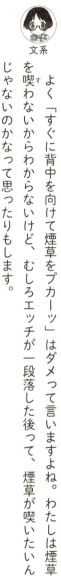

キャリア

そうね。髪を撫でたりとか、肩を抱いたりとか、それほどセクシャルじゃないパーツにやさしく触られながら、リラックスした時間を共有したいわね。いきなりお風呂場に直行されると、置いてけぼりを食らった気分になっちゃう。

ギャル

やっぱり、まったりしたい。セックスが終わった後って、愛情が一番高まってるとき。それなのに「終わった」ってすぐに切り替えられると、「さっきまでの興奮と情熱はなんだったの？」って。

素敵

これは聞いた話なんだけど、男性って、射精時がピークで、そこに達すると、あとはガクッとテンションがさがるらしいんです。けど、女性のオーガズムは、達してもさがるのはゆるやかで、そこで刺激を加えると、また穏やかに盛り上がっていって、最初のオーガズムを越す山ができる……。

ようは、右肩上がりの穏やかな波線型ってことらしいんですけど、そう考えると、お互いにイってセックスが終わっても、女性側はまだ、たゆたっているわけです。だから、終わった後はじんわり、まったりと余韻《よいん》に浸っていたい、ってことなのかもしれません。

まぁ、テンションが完全に地までさがってしまった男性に、女性側の余韻につき合わせるのも申し訳ない気がするけれど、でも、一段と関係が深まった相手と、さらに親密さを感じながら、イチャイチャするのって楽しいと思うので、ぜひ、終わってもすぐにシャカシャカと動かずに、ちょっとだけゆったりする時間を作ってほしいです。

さて、最後のこの章では『セックス』にまつわる女性の本音をご紹介いたしましたが、いかがだったでしょうか。女性の身体と心は、貴方が考えているよりも、ずっとナイーブである一方、エッチでもあります。

もちろん中には、生まれつきそうであったり、過去のトラウマから「セックスが嫌い」という女性もいないわけではありません。しかし、そうであっても抱き合う、触れ合うといったスキンシップは好きだという場合もありますし、また、スキンシップを重ね、少しずつ肌感覚を磨いていくことで、セックスが好きになることだってあります。

そして、セックスは「誰としても気持ちがいい」一方で「好きな人とするのが一番気持ちがいい」行為ですので、愛情を伝えることを心がけて、大切に触って、どんどん互いが気持ちよくなれる行為を探っていってほしいと思います。

あとがき

若い人のあいだに「恋愛をしなくてもいい」「恋愛は必要ない」という人が増えていると言われています。実際、恋愛などしなくても生きていけますし、恋愛に費やす時間やコストも、見方を変えれば無駄とも言えるかもしれません。

が、それでも、わたしは恋愛がある世の中のほうがいいな、と考えています。

人はついつい現状に甘んじてしまいがちです。「変化しよう」と決意するには、思いきる勇気が必要だからです。

しかし「このままでいいや……」と思っている限りは、状況はよくならないことがほとんどです。自分で動かなければ、今よりも満足を得ることはなかなか難しい、けれど、変化しようと思うにはパワーがいる……。

その「パワー」となりえるのが恋愛です。今までの自分を変える力や、状況から抜け出すパワーを、恋愛は持っているのです。

だから恋愛をしましょう。より楽しい人生が送れるように、その力を借りて自分をブラッシュアップさせましょう。本書が、その手助けになれば幸いです。
最後に、素敵なイラストを寄せてくれた門井亜矢さん、デザインを担当してくださった藤塚尚子さん、そして、編集者として長いあいだおつき合いいただいた丑久保和哉さん、どうもありがとうございました！

二〇一六年四月

大泉りか

大泉りか（おおいずみ・りか）

1977年、東京都生まれ。

SMショーのM女やキャットファイターなど、アンダーグラウンドな世界にどっぷりと浸った20代を過ごす。2004年に『ファック・ミー・テンダー』（講談社）でデビュー。以後、官能小説や女性向けポルノノベル、コラムなどで活躍する。CSエンタメ～テレ「女の秘蜜妄想ノススメ」にレギュラー出演中。

主な著書に『もっとモテたいあなたに』『もっとセックスしたいあなたに』（以上、文庫ぎんが堂／イースト・プレス）など多数ある。

女子会《じょしかい》で教《おそ》わる　人生《じんせい》を変《か》える恋愛講座《れんあいこうざ》

2016年5月30日　第1刷発行

著　者　大泉《おおいずみ》りか
発行者　佐藤 靖
発行所　大和《だいわ》書房
東京都文京区関口1-33-4　〒112-0014
電話 03-3203-4511

ブックデザイン　ISSHIKI
イラスト　門井 亜矢

本文印刷　厚徳社
カバー印刷　歩プロセス
製本所　小泉製本

ISBN978-4-479-77203-3

http://www.daiwashobo.co.jp